Diplom-Volkswirt Peter Collier

Handelsfachwirt werden!

Anleitung für eine erfolgreiche Prüfung vor der IHK

7. überarbeitete Auflage

BBE-Handelsberatung GmbH, München

Der Verfasser ist Geschäftsführer des Landesverbandes des Bayerischen Einzelhandels e.V., Würzburg, langjähriger Seminarleiter zahlreicher Handelsfachwirte-Lehrgänge und Mitglied von Prüfungsausschüssen für Handelsfachwirte.

Umschlaggestaltung: Anita Schreiner, Würzburg

BBE-Handelsberatung GmbH, Brienner Str. 45, München

7. überarbeitete Auflage 2005

Bestellungen an: BBE-Handelsberatung GmbH, Zweigstelle Würzburg, Postfach 11 05 36, 97032 Würzburg, Fax: 0931/17 127, E-Mail lbe-unterfranken@lbe.de oder über jede Buchhandlung

ISBN-Nr. 3-932118-01-4

Alle Rechte vorbehalten. Ohne Genehmigung des Verlages ist es nicht erlaubt, das Buch oder Teile daraus zu vervielfältigen, auch nicht für Unterrichtszwecke.

Statt eines Vorworts...

Sie wollen Handelsfachwirt werden? Herzlichen Glückwunsch! Ja, ich möchte Ihnen viel Glück wünschen, denn ich glaube, daß Sie einen guten und richtigen Entschluß gefaßt haben.

Aber Glück, das hat auch in diesem Falle nur der Tüchtige. Derjenige also, der - um einen Abstecher zu Goethe zu machen - immer strebend sich bemüht. Und dabei möchte ich Ihnen helfen.

Wie ist dieses Buch entstanden? Als ich so ungefähr dem hundertsten der von mir betreuten Lehrgänge erzählte, was sie zur Prüfung zu beachten hätten, beschloß ich, dies für die Zukunft rationeller zu tun. Das Ergebnis erschien erstmals 1992.

Das nach wie vor große Interesse erforderte jetzt die 7. Auflage. Dies brachte wiederum eine Reihe von Überarbeitungen und Aktualisierungen mit sich, nicht zuletzt bei den Fragen aus dem Wettbewerbsrecht.

Ich hoffe, das Buch hilft Ihnen, erfolgreicher zu werden. Nehmen Sie es als Anregung, nehmen Sie es aber bitte nicht als Ersatz für das Lernen mit Manuskripten oder mit Lehrbüchern. Und wenn Sie mir gelegentlich sagen, ob es Ihnen genutzt hat, oder wenn Sie mir Verbesserungsvorschläge machen, freue ich mich.

Ein herzliches Dankeschön allen, die mir Anregungen gaben, besonders an meine Ausschußkollegen Renate Lehner-Pototzky, Nürnberg und Reiner Heymann, Würzburg. Dank auch an meinen Kollegen Dipl. Betriebsw. Volker Wedde und meinen Sohn Dipl.Kfm. Ascan Collier für kritische Durchsicht und Hilfe bei der Gestaltung.

Würzburg, im September 2005   Peter Collier

Inhaltsverzeichnis

	Seite
Vorwort	5
1. Über Lehrgang und Prüfung zum Handelsfachwirt	9
1.1 Ziel des Lehrgangs Handelsfachwirt	9
1.2 Die Prüfungsordnung - und was dahinter steckt	9
1.3 Wie bereitet man sich am besten auf die Prüfung vor?	10
1.4 Der Ablauf der schriftlichen Prüfung	12
1.5 Die mündliche Prüfung	16
1.6 Ergebnis der Gesamtprüfung	17
1.7 Und was kommt danach?	17
2. Fragensätze aus den Stoffgebieten	19
Betriebliches Personalwesen	20
Betriebswirtschaftslehre des Handels	33
Beschaffung und Lagerhaltung	45
Kosten- und Leistungsrechnung	59
Absatz	76
Volkswirtschaftliche Grundlagen	88
3. Musterantworten für die Stoffgebiete	93
Betriebliches Personalwesen	94
Betriebswirtschaftslehre des Handels	116
Beschaffung und Lagerhaltung	139
Kosten- und Leistungsrechnung	165
Absatz	188
Volkswirtschaftliche Grundlagen	214
Index	225

1. ÜBER LEHRGANG UND PRÜFUNG ZUM HANDELSFACHWIRT

1.1 Ziel des Lehrgangs Handelsfachwirt

"Der Handel braucht Mitarbeiter, die in der Lage sind, Betriebsabläufe in ihrem Gesamtzusammenhang zu erkennen und zu beurteilen. Er verfügt über praktische Berufserfahrung und eine systematische Weiterbildung, die ihn zur Erfüllung qualifizierter Fachaufgaben und zur Übernahme von Leitungs- und Führungsaufgaben der mittleren Ebene befähigen."

Dieses Ziel ist in vielen Prüfungsordnungen wiedergegeben. Es macht deutlich: Reines Aneignen von Lernwissen reicht nicht. Vielmehr sollten Sie sich das Ziel setzen, die Zusammenhänge zwischen den einzelnen Bereichen zu erkennen. Nehmen Sie deshalb nicht nur diejenigen Fächer ernst, deren Fragen Sie in der Prüfung erwarten. **Ihre Bewährung als Handelsfachwirt kommt eigentlich erst nach der Prüfung:** Dann nämlich, wenn Sie in Ihrem Unternehmen zeigen sollen, daß sie mehr als nur abrufbares Wissen gespeichert haben. Wichtiger als das Einzelwissen ist die Fähigkeit, systematisch Probleme analysieren zu können und Lösungen zu finden.

1.2 Die Prüfungsordnung - und was dahinter steckt

Immer wieder wird gefragt, ob die Prüfung zum Handelsfachwirt denn eine staatlich anerkannte Prüfung sei. Diese Frage ist berechtigt; denn im Durcheinander der unzähligen Bildungsgänge und Abschlüsse möchte jemand, der Zeit und Geld investiert, natürlich auch wissen, ob die von ihm bestandene Prüfung nachher tatsächlich auch vorzeigbar ist. Die Prüfung zum Handelsfachwirt wird auf der Grundlage des § 46,1 Berufsbildungsgesetz von den Industrie- und Handelskammern abgenommen. In diesem Paragraphen hat der Gesetzgeber den Körperschaften der Wirtschaft das Recht zugesprochen, eigene Prüfungsordnungen und Prüfungsrichtlinien festzulegen, die dann ebenso Bestand haben und rechtlichen Anforderungen genügen müssen wie staatliche Prüfungen.

Der Deutsche Industrie- und Handelstag hat bereits im Jahr 1974 eine Musterprüfungsordnung festgelegt, in der die Zulassungsbestimmungen ebenso wie die

Prüfungsfächer und ihre Inhalte bestimmt wurden. Die Kammern in Bayern haben im wesentlichen diese Prüfungsordnung übernommen. Seit 1994 gilt zumeist die Regelvoraussetzung, daß jemand für die Zulassung zur Handelsfachwirteprüfung eine kaufmännische Ausbildung bestanden haben und anschließend 2 Jahre Praxis absolviert haben muß. Einige Kammern setzen bei zweijähriger Ausbildung 5 Jahre Praxis voraus. Diese Voraussetzung muß bis zum Zeitpunkt der Prüfung erfüllt sein.

Außerdem enthalten Prüfungsordnungen die Ausnahmebestimmung, daß auch jemand ohne einen kaufmännischen Abschluß zur Prüfung Handelsfachwirt zugelassen werden kann. Der Praktiker muß dafür im allgemeinen 6 Jahre Erfahrung im Handel nachweisen, einige Kammern verlangen aber auch 7 oder 8 Jahre Praxis. Damit ist der Abschluß Handelsfachwirt auch für denjenigen möglich, der vielleicht aus einer anderen Branche kommt, der entweder ohne Ausbildung oder mit einer Ausbildung in kaufmännische Berufe hineinwächst. Für ihn stellt der Abschluß Handelsfachwirt auch gleichzeitig die fachliche Eignung dar, die er braucht, um selbst Kaufleute ausbilden zu können. Der Prüfungsgegenstand ist in allen Prüfungsordnungen der gleiche. Wir werden im übernächsten Kapitel darüber noch mehr hören.

In Vorbereitung ist eine Rechtsverordnung des Bundesministers für Wirtschaft, nach der in Zukunft die Prüfungen abgenommen werden. Dieses Buch ist auf die in dieser Verordnung enthaltenen Rahmenpläne bereits abgestimmt. Grundlegende Änderungen sind mit der Neuregelung nicht verbunden.

1.3 Wie bereitet man sich am besten auf die Prüfung vor?

Das Thema allein gibt Stoff für ein ganzes Lehrbuch. Wer hier tiefer einsteigen möchte, dem sei die einschlägige Literatur empfohlen. An dieser Stelle möchte ich mich deshalb auf einige wenige Bemerkungen beschränken.

Verstehen Sie die Lehrfächer als Teil des Ganzen! In der Praxis hängen die verschiedenen Fächer, die in Lehrgängen getrennt behandelt werden, eng zusammen. Ein Beispiel: Der junge Kaufmann, der sich selbständig machen will, muß zugleich Umsatz, Kosten, Ertrag, Personal, Beschaffung, Absatz, Finanzierung und viele weitere Größen. Überlagert werden alle Entscheidungen von rechtlichen Normen, die einzuhalten sind.

So wäre es denn das Verkehrteste, wenn Sie ausgerechnet in einem Lehrgang, der Sie zur Führungskraft machen soll, nach dem Muster von Führerscheinprüfungen Frage für Frage büffeln. Stellen Sie sich auch darauf ein, daß eine Frage ganz anders formuliert sein kann, als Sie sie im Seminar gelernt haben. Suchen Sie nach dem Schlüsselwort, worauf es also bei einer Frage ankommt. Eine gute Methode ist es auch, einfach um ein Thema herum neue Fragen selbst zu formulieren. So schärfen Sie Ihren Geist auch für die Praxis. Gute Hilfsmittel hierfür sind auch Fallstudien und Gruppenarbeiten.

Lernen Sie auch das Wissen, das Ihnen nicht prüfungsrelevant scheint! Rhetorik zum Beispiel wird nicht geprüft. Aber eine Führungskraft, die nicht einmal die Grundregeln der Rhetorik beherrscht, fällt sehr schnell bei ihren eigenen Mitarbeitern durch. Im Mittelpunkt des Managementkreises steht die Kommunikation. Kommunikation hat mit reden zu tun. Wer die Sprache nicht beherrscht, beherrscht auch nicht das Denken.

Lesen Sie in Ihrer Freizeit auch einmal ein gutes Buch - nicht nur Fachliteratur! Große Erzähler wie Thomas Mann, Siegfried Lenz oder Heinrich Böll helfen Ihnen, Ihren Wortschatz zu erweitern und die Sprache treffender zu gebrauchen.

Beginnen Sie früh mit dem Lernen! Sie werden dann merken, daß Sie dem Lehrgang geradezu spielerisch folgen können. Wer erst zwei Monate vor der Prüfung beginnt, der wird es nur noch zum sturen Büffeln bringen. Vielleicht besteht er damit sogar die Prüfung. Nur - eine Führungskraft, die das Prädikat Handelsfachwirt auch verdient, ist er dann mit Sicherheit nicht.

Nutzen Sie die Testaufgaben in den Manuskripten! Sie bieten auch eine Hilfestellung für die Selbstüberprüfung, ob man den Inhalt verstanden hat. Beantworten Sie sie schriftlich und prüfen Sie danach Ihre Lösung nach dem Manuskript.

Bilden Sie Arbeitsgruppen mit Ihren Freunden und Lehrgangskollegen! Keiner weiß alles, aber jeder weiß irgend etwas. Solche Arbeitsgruppen sind ungefähr das Beste, was man zur Vorbereitung für eine Prüfung tun kann. Sprechen Sie den Prüfungsstoff dabei frei durch, formulieren Sie Inhalte mit eigenen Worten.

Fragen Sie, fragen Sie, fragen Sie! Wie oft habe ich selbst schon vor Gruppen gestanden, die mich stundenlang treuherzig anschauen und gekonnt zustimmend nickten. Besser gesagt: Wie oft hätte ich schon stundenlang vor solchen Gruppen gestanden, wenn ich nicht von mir aus immer wieder Fragen in die Gruppen hineingetragen hätte. Doch: auch ein engagierter Dozent kann mit seinen Fragen immer nur einen kleinen Teil der Gruppe packen. Die Mehrzahl bleibt außen vor, geniert sich und hofft, den Stoff vielleicht hinterher irgendwann zu verstehen! **Sie müssen für einen Lehrgang eine Menge Geld zahlen. Sie haben ein Recht, jede Frage zu stellen. Haben Sie Mut. Sie werden feststellen, daß Ihre Frage ein Echo in der Gruppe findet, daß Lehrgangskollegen hinterher zu erken-nen geben, daß sie die gleiche Frage auf der Zunge gehabt haben - aber sich nicht trauten. Fragen zu beantworten ist eine der wichtigsten Aufgaben eines jeden Dozenten. Hierfür muß auch Zeit zur Verfügung stehen.**

Sorgen Sie dafür, daß Sie vor einer Prüfung fit sind! Damit meine ich auch: Körperlich fit. Es genügt nicht, sich mit Wissen vollzustopfen. Es ist grundverkehrt, sich in der letzten Minute vor einer Prüfung noch Formeln einzupauken. Treiben Sie am Tag vor der Prüfung Sport, joggen, schwimmen oder faulenzen Sie einfach. Sorgen Sie für ausreichend Schlaf, denn in guter körperlicher Verfassung die Prüfung zu beginnen, ist wichtiger, als am Tag zuvor 8 Stunden zu pauken!

Und: *Nehmen Sie Nervosität und Aufregung als normal hin!* Jeder gute Künstler hat vor einer Aufführung Lampenfieber. Nicht einmal ein Profi geht ohne Aufregung an den Start. Ein bißchen Aufregung tut auch ganz gut. Machen Sie sich nicht zusätzlich dadurch nervös, daß Sie meinen, Sie müßten nun ganz ruhig sein. Das kann kein Mensch, der eine Höchstleistung vollbringen soll. Und eine solche wollen Sie ja vollbringen. Darauf haben Sie viele Monate hingearbeitet.

1.4 Der Ablauf der schriftlichen Prüfung

Die schriftliche Prüfung ist Kernbereich der gesamten Abschlußprüfung. Fünf der sechs Prüfungsfächer werden schriftlich geprüft. Volkswirtschaftslehre wird ausschließlich einer mündlichen Prüfung vorbehalten.

Dabei enthalten die Prüfungsfächer den Stoff mehrerer Unterrichtsfächer. Welcher, zeigt die folgende Auflistung. Unterstrichen sind hierbei diejenigen Unterrichtsfächer, die im Rahmen der schriftlichen Prüfung eine ganz besonders wichtige Bedeutung haben.

1. **Betriebliches Personalwesen**
   Personalwesen - Personalführung - Arbeitsrecht (incl. Arbeitsschutzrecht). Diese Fächer sind gleichgewichtig.

2. **Betriebswirtschaftslehre des Handels**
   Handelsbetriebslehre und Unternehmensführung- Organisation - Finanzierung - Informationswirtschaft –Zielsetzung, Planung und Kontrolle - Bürgerliches und Handelsrecht.

3. **Beschaffung und Lagerhaltung**
   Beschaffung und Lagerung - Bürgerliches und Handelsrecht - Steuerrecht.

4. **Kosten- und Leistungsrechnung**
   Kostenrechnung (nicht aber Buchführung!) - Statistik – Zielsetzung, Planung und Kontrolle

5. **Absatz**
   Marketing - Wettbewerbsrecht - Steuerrecht.

Vor der Prüfung nicht vergessen: Die Anmeldung bei der IHK! Eigentlich ist diese Aufforderung total überflüssig. Denn natürlich denken Sie ja daran, Ihre Anmeldung rechtzeitig und vollständig bei der IHK abzugeben. Oder? Nun soll es aber tatsächlich vorgekommen sein, daß selbst gestandene Männer und erfahrene junge Frauen darauf gebaut haben, der liebe Gott (oder der Lehrgangsträger) werde das schon richten.

Er tut es nicht!

Fügen Sie auch sämtliche Unterlagen bei, die Ihre Berechtigung für die Prüfungszulassung nachweisen, also kaufmännisches Abschlußzeugnis und Tätigkeitsbescheinigungen. Für die schriftliche Prüfung stellt die Arbeitsgemeinschaft der Bayerischen Industrie- und Handelskammern landeseinheitliche Prüfungsaufgaben zusammen. Diese Aufgaben werden dann jeweils von den örtlichen Prüfungsausschüssen für ihren Bereich übernommen. In Zukunft werden es bundesweite Aufgaben sein.

Erwarten Sie bitte nicht, daß die Abschlußprüfung lediglich Definitionen und enges Faktenwissen von Ihnen fordert. Das wäre wohl auch ein bißchen zu billig. Die sogenannten Multiple-Choice-Fragen haben die Kammern aus gutem Grund bereits vor Jahren aus der Handelsfachwirteprüfung gestrichen: Von Ihnen als angehender Führungskraft wird verlangt, daß Sie mit eigenen Worten

Zusammenhänge erläutern und Antworten auch begründen können. **Bitte vergessen Sie das Begründen nicht.** Mir sind schon manche Fälle untergekommen, wo ein Prüfling zwar zu einer ganz anderen als der verlangten Lösung kam. Er hatte diese Lösung dann aber so gut und konsequent begründet, daß es zumindest einen Teil der für die Aufgabe ausgesetzten Punkte gab.

Apropos Punkte - Sie wollen ja nicht umsonst arbeiten! 12 der insgesamt 14 Fragen verlangen eine kurze und möglichst präzise Antwort. Zwischen drei und zehn Punkten bekommen Sie für jede richtige Lösung. In diesem Buch sind die kurzen Fragen jeweils mit fünf Punkten bewertet. *Ein Tip:* Lesen Sie sich eine Frage lieber zweimal durch! Sie glauben gar nicht, wie oft z.B. das Wörtchen "nicht" überlesen wird! Einige Fragen verlangen die Nennung bestimmter Begriffe. Da heißt es z.B.:

"**Nennen** Sie 5 Standortfaktoren, die den Ertrag beeinflussen."

Hier reicht es, wenn Sie schreiben:

"Bedarf - Kaufkraft - Konkurrenz - Agglomeration - Verkehr"

Hierzu noch ein Tip: Es soll Prüflinge geben, die, weil sie die richtige Lösung nicht wissen, einfach einmal alles mögliche hinschreiben – in der Hoffnung, daß das Richtige schon dabei sein wird! In Bayern (und nicht nur dort!) werden jedoch nur die ersten fünf Begiffe gewertet.

Wird dagegen gefragt: "**Erklären Sie** ...", dann werfen Sie bitte dem Prüfer nicht nur einzelne Brocken hin!

Und dann gibt es noch die schönen Fragen aus dem Recht, die etwa so lauten: "Ist der Kaufvertrag nichtig?" Muß noch gesagt werden, daß hier von Ihnen mehr als ein "Ja" oder "Nein" erwartet wird? *Ein Tip:* Nehmen Sie sich so viele Minuten Zeit zur Bearbeitung einer Frage, wie Punkte ausgesetzt sind, also für eine fünf-Punkte-Frage rund fünf Minuten.

Schließlich finden Sie noch zwei Themen in jedem Prüfungsfach, die eine ausführliche Antwort von Ihnen verlangen. Hier kommt es auf eine sorgfältige Ausarbeitung und Begründung an. 20 Minuten sind ein guter Zeitrahmen für die Beantwortung einer solchen Frage. Bisher kam kamen Fragen dieses "Typ 2" zumeist aus einem der Fachgebiete, die in der obigen Aufstellung unterstrichen sind.

So, und wenn Sie das nun zusammenrechnen, kommen Sie auf 100 Minuten. Jetzt haben Sie noch 20 Minuten Zeit, um noch einmal die „schweren Brocken" durchzugehen, Ihre Antworten zu überprüfen, zu korrigieren oder zu ergänzen.

Was tun, wenn Ihnen eine Antwort partout nicht einfällt? Es gibt ein ebenso einfaches wie uraltes Rezept: Erst einmal weitermachen! Erledigen Sie erst die Fragen, die Ihnen leicht fallen. Damit haben Sie nicht nur Punkte gesammelt, Sie haben gleichzeitig Erfolgserlebnisse, und die helfen Ihnen dann auch, die schweren Brocken zu bewältigen. Sie wissen ja, wie das ist: Wenn man sich um eine Aufgabe müht und müht, wenn man sich daran festbeißt und das Gehirn zermartert, ist man nachher kaum noch imstande, leichte Aufgaben zu lösen. Ist man aber erst so richtig in Schwung, dann fallen auch die schwereren Aufgaben ein ganzes Stück leichter! Warum wollen Sie das nicht nutzen?

Und wenn Ihnen dann immer noch nichts einfällt? Dann lassen Sie halt die Frage liegen. Lieber 5 Punkte bei einer Frage verschenken als 20 bei den anderen Fragen, zu denen Sie vielleicht wegen falscher Zeiteinteilung nicht mehr kommen!

Was tun, wenn Ihnen die Fragestellung nicht klar ist? Der Ausschuß, der die Fragen entwickelt hat, hat sich zwar alle Mühe gegeben - und doch kann es immer wieder einmal vorkommen, daß Mißverständnisse entstehen. Da fragen Sie am besten zunächst die Aufsicht. Bekommen Sie dort keine zufriedenstellende Antwort, dann scheuen Sie sich nicht, eine Fragestellung selbst zu interpretieren: Nehmen wir einmal an, es sei in einer Frage aus dem Fach Statistik nach dem arithmetischen Mittel gefragt. Nichts weiter. Dann werden Sie sinnvollerweise als Antwort schreiben:

"Das gewogene arithmetische Mittel wird wie folgt berechnet: ..."

oder: "Das einfache arithmetische Mittel wird wie folgt berechnet: ...".

Übrigens noch ein Hinweis eines geplagten Prüfers: Versuchen Sie, die Schrift als Verständigungsmittel zu nutzen! Der Prüfer ist zwar verpflichtet, Ihre Schrift zu lesen. Aber wenn Sie allzu unleserlich ist, geht vielleicht der eine oder andere wichtige Gedanke unter.

Die Bearbeitungsdauer für jedes der Prüfungsfächer beträgt 2 Stunden (= 120 Minuten). Die Reihenfolge ist stets die gleiche:

1. Tag: 8.00 Uhr bis 10.00 Uhr	Betriebliches Personalwesen
10.30 Uhr bis 12.30 Uhr	Betriebswirtschaftslehre des Handels
14.00 Uhr bis 16.00 Uhr	Beschaffung und Lagerhaltung
2. Tag: 8.00 Uhr bis 10.00 Uhr	Kosten- und Leistungsrechnung
10.30 Uhr bis 12.30 Uhr	Absatz

1.5 Die mündliche Prüfung

Vor die mündliche Prüfung haben die Prüfungsordnungen nun noch einmal bestimmte Zulassungsbestimmungen gestellt. Im Klartext bedeutet das: Sie dürfen in einem Fach (bei bestimmten Kammern sogar in zwei Fächern) in der schriftlichen Prüfung einen Ausrutscher haben. Liegen dagegen die Ergebnisse von mehreren Fächern unter dem Strich, werden Sie zur mündlichen Prüfung gar nicht erst zugelassen.

Gegebenenfalls werden Sie in einem solchen Fach dann in der mündlichen Prüfung noch einmal auf Ihr Wissen geprüft. Dies bedeutet für Sie eine Chance, denn der Prüfungsausschuß kann im mündlichen Prüfungsgespräch natürlich viel stärker auf Ihr Wissen eingehen, als es in der schriftlichen Prüfung möglich ist. Im allgemeinen können Sie davon ausgehen, daß das Ergebnis der mündlichen Prüfung zur schriftlichen Prüfung im Verhältnis 1:2 bewertet wird; die schriftliche Prüfung zählt also doppelt. Am Ende muß dann mindestens die Note 4,5 herauskommen, damit das Fach ein ausreichendes Ergebnis ergibt.

Beispiel: schriftlich: 4,8
mündlich: 2,4

$$\Rightarrow \frac{4,8 \cdot 2 + 2,4}{3} = 4,0$$

Eingeladen werden Sie zur mündlichen Prüfung auch dann, wenn der Prüfungsausschuß sich allein aufgrund der schriftlichen Prüfung noch kein klares Bild über Ihre Leistung verschaffen kann. Einige Prüfungsausschüsse handhaben dies so, daß sie z.B. Teilnehmer mit der Note 1,6 / 2,6 / 3,6 einladen. Bei manchen Kammern kann auch der Prüfungsteilnehmer von sich aus beantragen, mündlich zusätzlich geprüft zu werden, in anderen Kammern wiederum (z.B. Coburg) ist die mündliche Prüfung für alle Fächer obligatorisch. Unabhängig davon werden alle Teilnehmer im Fach Volkswirtschaftslehre ausschließlich mündlich geprüft. Die Note dieses Fachs geht dann als vollwertiger Bestandteil in das Zeugnis ein.

Die Prüfung kann als Einzel- oder Gruppenprüfung durchgeführt werden. Im allgemeinen wird den Gruppenprüfungen (z.B. in Dreiergruppen) heute der Vorzug gegeben. Die Dauer des Prüfungsgesprächs ist in den Prüfungsordnungen unterschiedlich geregelt. Einzelne Kammern (z.B. München, Nürnberg) gehen von 30 Minuten je Prüfungsteilnehmer aus. Andere (z.B. Passau) sprechen von 10 Minuten je Prüfungsteilnehmer und Prüfungsfach.

1.6 Ergebnis der Gesamtprüfung

Die Gesamtprüfung ist dann bestanden, wenn in jedem Prüfungsfach eine mindestens ausreichende Leistung erzielt wurde. Die harte Konsequenz: Haben Sie auch nur in einem Prüfungsfach keine ausreichende Note erzielt, so gilt zunächst einmal die gesamte Prüfung als nicht bestanden.

Mehr als ein Trostpflaster ist dann allerdings die Regelung, die Sie in allen Prüfungsordnungen finden: Danach kann eine Prüfung nicht nur zweimal wiederholt werden, wenn sie nicht bestanden wurde. Sie können auch beantragen, daß Ihnen bestimmte Prüfungsleistungen bei der Wiederholungsprüfung anerkannt werden. Haben Sie also in zwei Prüfungsfächern ein "gut", in einem Prüfungsfach ein "befriedigend", in zwei Fächern ein "ausreichend" und in einem Fach ein "mangelhaft", so könnten Sie sich bei der Wiederholungsprüfung entweder alle mindestens ausreichenden Fächer anrechnen lassen oder aber nur diejenigen, in denen Sie mindestens "befriedigend" erreicht haben. Und so kann dann das Zeugnis des Wiederholers, der sich ja nur noch auf wenige Fächer vorzubereiten hat, im Endzustand besser aussehen als das eines anderen Teilnehmers, der zwar im ersten Anlauf bestanden hat, aber in mehreren Fächern nur mit der Note "ausreichend".

1.7 Und was kommt danach?

Eine der erfreulichsten Fragen, die am Ende eines Lehrgangs auftauchen, ist die nach Möglichkeiten einer darauf aufbauenden Fortbildung! Ich möchte diese Begeisterung deshalb keinesfalls mindern. Und doch: Das Wichtigste, was Sie zunächst anstreben sollten, ist die Umsetzung Ihres neu erworbenen Wissens in die Praxis. Der Handelsfachwirt ist keine Durchgangsstation zum Hochschulabschluß - auch, wenn er in diese Richtung die Tür für jedermann ein Stück öffnet. Er ist ein Abschluß eigener Art. Mit ihm sind Sie in der Lage, die auf Sie in der mittleren Führungsebene zukommenden Probleme zu meistern. Also richten Sie Ihr Augenmerk vor allem darauf, in der Praxis des Alltags zu zeigen, daß Sie mehr gelernt haben als das Gros Ihrer Altersstufe.

Eine Möglichkeit, sich zusätzlich fortzubilden, könnte zielgerichtet aus Ihrem Aufgabengebiet angezeigt sein. Ich meine damit die Richtung des Fachkaufmanns. Im Gegensatz zum Fachwirt, der branchenbezogen ein breites Fachwissen besitzt, befaßt sich der Fachkaufmann branchenübergreifend mit einer bestimmten Fachrichtung. Wer im Vertrieb tätig ist, für den ist vielleicht der Fachkaufmann Marketing das richtige; wer im Personalwesen seinen Schwerpunkt hat oder haben will, für den kann die Fortbildung zum Personalfachkaufmann der richtige Weg sein.

Schließlich soll auch die Fortbildung zum Betriebswirt nicht unerwähnt bleiben. Hier aber gilt Vorsicht! Denn der Begriff Betriebswirt ist nicht geschützt, und unter dem offenbar lukrativen Titel tummelt sich mancherlei, was wenig empfehlenswert ist. Neben dem FH-Studium oder dem Betriebswirt VWA (Verwaltungs- und Wirtschaftsakademie) ist der Betriebswirt IHK zu empfehlen. Diese Auflistung "anerkannter Betriebswirte" erhebt keinen Anspruch auf Vollständigkeit. Auch die Möglichkeit, z.B. in Bayern, nach dem Handelsfachwirt mit einem Ergänzungslehrgang (durchgeführt von den Wirtschaftsschulen) zur Fachhochschulreife zu gelangen, kann interessant sein. Prüfen Sie aber in jedem Falle, ob Sie eine zusätzliche Fortbildung noch weiterbringt. Eine Pause ist hier im allgemeinen angezeigt. Die sollten Sie sich auch gönnen - nach dem Prüfungserfolg, den ich Ihnen von Herzen wünsche!

PS: Dieses Buch enthält nicht die Änderungen der Rechtschreibreform,weil ich die herkömmliche Schreibweise für übersichtlicher und leichter lesbar halte!

2. FRAGENSÄTZE AUS DEN STOFFGEBIETEN

- Betriebliches Personalwesen
- Betriebswirtschaftslehre des Handels
- Beschaffung und Lagerhaltung
- Kosten- und Leistungsrechnung
- Absatz
- Volkswirtschaftliche Grundlagen

Vorab eine Bemerkung:

Die folgenden Musterfragen **sollen und können nicht das systematische Auf- und Nacharbeiten des Stoffs ersetzen.** Nehmen Sie also, bevor Sie die Fragen erarbeiten, Ihre Manuskripte zur Hand. Und erwarten Sie - bitte schön - nicht, daß nun tatsächlich eine Prüfungskommission diese Fragen wörtlich übernimmt! Wenn Sie aber nicht nur die Fragen und Antworten wörtlich büffeln, sondern sich auch mit dem „Wie" und „Warum" befassen, werden Sie von diesem Buch profitieren können.

Für jedes der ersten fünf Stoffgebiete finden Sie vier verschiedene Fragensätze, die genauso aufgebaut sind wie ein Prüfungssatz. Sie sollen Ihnen dabei helfen, die Methodik zur Lösung zu finden.

Für das Fach Volkswirtschaftslehre wurden Fragen aufgenommen, wie sie üblicherweise Bestandteil einer mündlichen Prüfung sind.

Die Antworten zu den Fragen finden Sie im hinteren Teil des Buches. Dies soll Sie anregen, **zunächst die Antworten selbst** zu suchen und erst später zum Vergleich nachzuschlagen.

Betriebliches Personalwesen

Fragensatz I / Teil 1

1. Durch welche Faktoren wird das Arbeitsergebnis der Mitarbeiter beeinflußt? Nennen Sie zu jedem Faktor ein Beispiel! (6 Punkte)

2. Welches Ziel verfolgt die betriebliche Personalpolitik? (4 P)

3. Sie wollen einen neuen Mitarbeiter einstellen und haben jetzt die schriftlichen Bewerbungen vorliegen. Welche Kriterien werden Sie besonders prüfen? Nennen Sie fünf. (5 P)

4. Sie kennen die beiden Grundformen Zeitlohn und Leistungslohn (Akkordlohn). Erläutern Sie die beiden Formen und Stellen Sie die Vor- und Nachteile einander gegenüber. (6 P)

5. Nennen Sie je zwei Vor- und Nachteile der internen Personalbeschaffung (4 P)

6. Der Wandel in Arbeitswelt und Gesellschaft verlangt nach modernen Führungsstilen. Erläutern Sie drei Gründe hierfür! (6 P)

7. Ein Vorstellungsgespräch besteht aus sieben Phasen. Erläutern Sie diese mit einem kurzen praktischen Beispiel! (7 P)

8. Was versteht man unter einer Änderungskündigung? (4 P)

9. In manchen größeren Betrieben gibt es Betriebsvereinbarungen. Wer schließt solche Betriebsvereinbarungen ab, was wird üblicherweise in einer Betriebsvereinbarung geregelt? (5 P)

10. Soll eine Kündigung wegen verhaltensbedingter Gründe ausgesprochen werden, so setzt dies in der Regel eine vorhergehende Abmahnung voraus. Was versteht man darunter? Welche Form ist bei der Abmahnung dringend anzuraten? (4 P)

11. Wer ist in der Krankenversicherung pflichtversichert? (4 P)

12. Ein Arbeitnehmer möchte wegen einer gegen ihn ausgesprochenen Kündigung Klage beim Arbeitsgericht einreichen. Informieren Sie ihn darüber, ob er einen Anwalt nehmen muß, und was unter Ausschlußfrist, Güteverhandlung und Streitverhandlung zu verstehen ist! (5 P)

⇨ Antworten auf S. 94ff.

Fragensatz I / Teil 2

<u>Thema 1</u>

Die gleitende Arbeitszeit hat sich in vielen Betrieben durchgesetzt, da sie eine Reihe von Vorteilen gegenüber starren Arbeitszeitmodellen besitzt. Erläutern Sie das System und schildern Sie seine Vor-, aber auch Nachteile.

<u>Thema 2</u>

Wie kann ein Arbeitsverhältnis beendet werden? Erläutern Sie die verschiedenen Möglichkeiten ausführlich. Verwenden Sie hierzu mindestens je ein praktisches Beispiel.

⇨ Antworten auf S. 97ff.

Betriebliches Personalwesen

Fragensatz II / Teil 1

1. Was bedeutet Mobilität, welche Arten unterscheidet man?

2. Sie werden von der Geschäftsleitung beauftragt, die Weiterbildung für die Mitarbeiter zu organisieren. Dabei müssen Sie eine Reihe von Überlegungen anstellen. Nennen Sie fünf!

3. Mitarbeiter sollen ein Entgeltsystem als gerecht empfinden. Welchen Anforderungen muß ein solches System deshalb genügen?

4. Erläutern Sie, wie der Soll-Stundenumsatz berechnet werden kann.

5. Welche Konsequenzen kann es haben, wenn ein neuer Mitarbeiter nicht richtig in seine Aufgaben und den Betrieb eingeführt wird? Nennen Sie drei!

6. Welche positiven und negativen Wirkungen haben informelle Gruppen im Betrieb?

7. Welche Formen falsch geübter Kritik sollte man vermeiden? Nennen Sie 5 Beispiele!

8. Die Verkäuferin V brach sich beim Skilaufen ein Bein. Der Arbeitgeber weigert sich, Lohnfortzahlung zu leisten, weil er Skilaufen für einen gefährlichen Sport hält. Wie ist die Rechtslage?

9. Die 48-jährige Verkäuferin H, die seit 18 Jahren ununterbrochen beschäftigt ist, kündigt am 15.02. zum 31.03. des Jahres. Der Arbeitgeber will dies nicht akzeptieren, da die Kündigungsfrist für ältere Angestellte nicht gewahrt ist. Wie beurteilen Sie den Fall?

10. Wann ist nach den Bestimmungen des Kündigungsschutzgesetzes eine Kündigung sozial ungerechtfertigt?

11. Im Einstellungsgespräch muß ein Mitarbeiter nicht alle an ihn gestellten Fragen beantworten. Nennen Sie fünf solcher unzulässigen Fragen!

12. Worin bestehen die Leistungen der Arbeitslosenversicherung? Wer ist dort versichert?

⇨ Antworten auf S. 100ff.

Fragensatz II / Teil 2

<u>Thema 1</u>

a) Welche Angaben sollte eine Stellenanzeige enthalten?

b) Entwerfen Sie eine Stellenanzeige. Die auszuschreibende Position kann von Ihnen frei gewählt werden. Bitte beschreiben Sie sie in Ihrer Antwort kurz in Stichworten.

<u>Thema 2</u>

Welche Pflichten haben Arbeitgeber und Arbeitnehmer aus einem Arbeitsvertrag wahrzunehmen? Erläutern Sie die einzelnen Pflichten ausführlich mit Beispielen!

⇨ Antworten auf S. 103f.

Betriebliches Personalwesen

Fragensatz III / Teil 1

1. Welche Ziele verfolgt die betriebliche Personalpolitik? Wie können diese Ziele erreicht werden?

2. Skizzieren Sie, warum Absatzplanung und Personalplanung jeweils voneinander abhängig sind!

3. Die Ladenöffnungszeit und die tarifliche Arbeitszeit im Einzelhandel weichen voneinander ab. Daraus ergeben sich Probleme für die Personalplanung. Erläutern Sie diese!

4. Welche Ziele strebt das betriebliche Vorschlagswesen an?

5. Welche Vor- und Nachteile hat die Gruppenprämie als Instrument der Leistungsentlohnung?

6. Wie werden die Mitarbeiter bei autoritärer und bei kooperativer Führung an den Entscheidungen im Unternehmen beteiligt? Welche Auswirkungen hat dies?

7. Eine gute Information und Kommunikation ist für den Unternehmenserfolg wichtig. Welche Anforderungen muß eine gute Information erfüllen? Beschreiben Sie kurz fünf davon!

8. Was versteht man unter Rückgabe der Delegation durch den Mitarbeiter? Wie sollte sich ein Vorgesetzter in einer solchen Situation verhalten?

9. Nach dem Mutterschutzgesetz genießt die Mutter einen besonderen Schutz während der Schutzfristen vor und nach der Entbindung. Was muß der Arbeitgeber hierbei beachten?

10. Der Verkäufer V erkrankte im Januar an Grippe und war vier Wochen arbeitsunfähig. Im Mai erkältete er sich und war nochmals für drei Wochen

arbeitsunfähig. Für welche Dauer erhält er Gehaltsfortzahlung? Unter welchem Gesichtspunkt müssen Sie diese Frage prüfen?

11. Eine Verkäuferin erhält seit sechs Jahren von ihrem Arbeitgeber eine Weihnachtsgratifikation von einem ganzen Monatsgehalt. Hierüber besteht keine Vereinbarung, der Arbeitgeber hat dazu auch nie etwas erklärt.

    Als die Verkäuferin nun zum 31. März des Folgejahres kündigt, wird ihr die Gratifikation vom Gehalt wieder einbehalten. Ist der Arbeitgeber hierzu berechtigt?

12. Ein Arbeitgeber schließt mit einem Arbeitnehmer einen Vertrag über ein auf 12 Monate befristetes Arbeitsverhältnis nach dem Teilzeit- und Befristungsgesetz. Als der Vertrag ausläuft möchte er den Arbeitnehmer gern noch vier weitere Monate beschäftigen. Darf er nach Ablauf der Befristung ein weiteres befristetes Arbeitsverhältnis vereinbaren?

    Auf welche Zeit darf eine Befristung normalerweise längstens abgeschlossen werden?

⇨ Antworten auf S. 105ff.

Fragensatz III / Teil 2

Thema 1

Die Mitarbeiterbesprechung ist ein wesentliches Führungsinstrument des Vorgesetzten. Wie gehen Sie als Vorgesetzter bei der Vorbereitung und Durchführung einer solchen Besprechung vor, an der mehrere Ihrer Mitarbeiter teilnehmen?

Thema 2

Nennen und erläutern Sie die wesentlichen Bestimmungen des Kündigungsschutzgesetzes.

⇨ Antworten auf S. 108f.

Betriebliches Personalwesen

Fragensatz IV / Teil 1

1. Sie kennen die Begriffe „Zweiter Lohn" oder „Personalnebenkosten" und die Entstehung dieser Kosten. Zeigen Sie die beiden Arten auf und ordnen Sie jeder fünf Beispiele zu.

2. Welchen Nutzen bringen Weiterbildungsmaßnahmen
   a) dem Mitarbeiter
   b) dem Betrieb
   c) der Gesellschaft?

3. Ein Einzelhandelsgeschäft hat eine Ladenöffnungszeit von 58,5 Stunden pro Woche. Die tarifliche Wochenarbeitszeit beträgt 37,5 Stunden. Es muß gewährleistet sein, daß ständig 15 Mitarbeiter anwesend sind. Die Fehlzeiten betragen 22,87 %. Berechnen Sie die Brutto-Besetzung II (auf zwei Kommastellen)!

4. Was versteht man unter „Personalmarketing"?

5. Was versteht man unter einer „Multimomentstudie" und was kann mit ihr ermittelt werden?

6. Welche Formen der Kontrolle sind Ihnen bekannt? Erklären Sie, wie sie sich unterscheiden!

7. Erfolgreiche Unternehmen zeichnen sich dadurch aus, daß sie mit Zielsetzungen arbeiten.
   a) Wie wirken Zielsetzungen? Nennen Sie zwei Wirkungen!
   b) Welche Anforderungen müssen Ziele erfüllen? Nennen Sie fünf!

8. Die Arbeitnehmer Schlau und Pfiffig waren im ganzen Jahr 2002 arbeitsunfähig krank

   a) Schlau kehrt am 15. Januar 2003 zurück und verlangt Urlaub für das ganze Jahr 2002. Hat er einen Anspruch? Wenn ja, tatsächlich im vollen Umfang?

   b) Pfiffig kehrt erst wieder am 15. April in den Betrieb zurück. Er verlangt das gleiche wie Schlau. Wie bewerten Sie seinen Urlaubsanspruch aus dem Jahr 2002? Begründen Sie Ihre Antwort!

9. Ein Arbeitgeber kündigt einem Arbeitnehmer ohne vorher den Betriebsrat anzuhören. Nach Übergabe der Kündigung an den Arbeitnehmer informiert der Arbeitgeber den Betriebsrat, der nachträglich seine Zustimmung erteilt. Ist die Kündigung wirksam?

10. Was soll mit einer Ausgleichsquittung bezweckt werden und welche Bedeutung hat sie?

11. Beschreiben Sie kurz die Treuepflicht des Arbeitnehmers!

12. Worin liegt der wesentliche Unterschied zwischen einem befristeten Probearbeitsverhältnis und einem unbefristeten Arbeitsverhältnis mit vorgeschalteter Probezeit?

⇨ Antworten auf S. 110ff.

Fragensatz IV / Teil 2

Thema 1

Der Arbeitgeber Karl Kaufmann (KK) betreibt ein Schaustellerunternehmen, mit dem er Volksfeste bereist. Dazu gehören die Geisterbahn „Heinrich, mir graust vor Dir", die Achterbahn „Egon im Wunderland" und das Amüsierzelt „Life is Life". Das Unternehmen beschäftigt 22 Mitarbeiter sowie die Ehefrau des KK, Elvira Kaufmann (EK), die im „Life is Life" als Entertainerin auftritt.

Zu den Mitarbeitern gehören der G, der T und der M, alle drei als ungelernte Hilfskräfte angestellt. G gehört dem Unternehmen seit 5 Jahren, T und M seit einem Jahr an. T ist Mitglied des Betriebsrats.

a) T hat ein besonderes Talent für elektrische Arbeiten. Er hat bislang hauptsächlich die Beleuchtung im Amüsierzelt betreut. Eines Tages weist ihn KK an, die Betreuung der Geisterbahn zu übernehmen, bei deren elektrischer Anlage es zunehmend zu Problemen kommt. T weigert sich, da er für die Arbeit in einer Geisterbahn nicht häßlich genug sei. Außerdem sei die Arbeit als Beleuchter im Amüsierzelt mit wesentlich höherem Ansehen verbunden; schließlich sei ein Beleuchter auch ein Künstler.

b) G kümmert sich um den Aufbau der Bühne im Amüsierzelt. Eines Tages wird KK hinterbracht, daß G und die EK ein intensives Verhältnis miteinander haben. Von KK hierauf angesprochen, leugnet G hartnäckig, während EK dies frech mit einigen hier nicht wiederzugebenden Bemerkungen gesteht.

c) M hat darauf zu achten, daß die Bügelverschlüsse in der Achterbahn stets gesichert sind. Da er dem Alkohol gern zuspricht, übersieht er eines Tages, daß ein Kind nicht gesichert ist. Das Kind wird aus der Achterbahn geschleudert; zum Glück trägt es keinen Schaden davon.

KK will den drei Mitarbeitern fristlos kündigen. Beurteilen Sie ausführlich die Rechtslage! Stellen Sie dar, welche Schritte KK unternehmen muß und ob die Kündigungen zulässig sind!

Thema 2

Sie haben vom jüngst verstorbenen Bruder Ihrer Mutter einen mittelständischen Betrieb geerbt, der von dem alten Herrn ziemlich autoritär geführt wurde.

a) Welche Argumente würden Sie anführen, um Ihre Führungsmitarbeiter zu überzeugen, daß ein kooperativer Führungsstil dem autoritären überlegen ist?

b) Welche Bedingungen müssen Sie bei der Einführung des kooperativen Führungsstils beachten?

⇨ Antworten auf S. 113ff.

Betriebswirtschaftslehre des Handels

Fragensatz I / Teil 1

1. Wie lauten die Produktionsfaktoren / Leistungsfaktoren in der Handelsbetriebslehre und in der allgemeinen BWL?

2. Der Standortfaktor „Verkehr" hat für den Erfolg eines Handelsunternehmens eine große Bedeutung. Erläutern Sie kurz drei Kriterien, die Sie bei der Untersuchung des Faktors Verkehr prüfen.

3. Welche Zielsetzung verfolgt ein Unternehmer mit einem „Trading down"? Nennen Sie ein praktisches Beispiel!

4. Welche Aufgabe nimmt der Produktionsverbindungshandel wahr?

5. Welche Bedeutung hat Electronic Commerce für den Handel? Erläutern Sie dabei auch kurz die beiden Formen des „B to B" und „B to C".

6. Der Kunde K (Letztverbraucher) schließt am 15. Oktober einen Kaufvertrag mit dem Juwelier J über eine Goldkette im Wert von 10.000,-- EUR, Lieferzeitpunkt: 10. Dezember. Am 10. Dezember verlangt J wegen des zwischenzeitlich gestiegenen Goldpreises einen Aufschlag von 10 % und beruft sich dabei auf einen Paragraphen seiner Allgemeinen Geschäftsbedingungen, in denen tatsächlich solche Preisanpassungen vorgesehen sind.
Muß K die 10 % Zuschlag bezahlen? Begründen Sie Ihre Antwort!

7. Nach welchen Merkmalen können Stellen gebildet werden?

8. Was versteht man unter „Multiprogramming"? Wie funktioniert es?

9. Beschreiben Sie zwei wichtige Formen kurzfristiger Kredite.

10. Warum lohnt es sich für ein Unternehmen, Sonderkredite der öffentlichen Hand zu beantragen? (Nennen Sie drei Gründe!)

11. Der Begriff „Vertragsfreiheit" hat eine mehrfache Bedeutung. Erläutern Sie sie kurz!

12. In manchen Verträgen wird eine Option vereinbart. Was versteht man darunter?

⇨ Antworten auf S. 116f.

Fragensatz I / Teil 2

Thema 1

In vielen Fällen empfiehlt es sich für einen Einzelhändler, mit einem oder mehreren Großhändlern zusammenzuarbeiten.

Beschreiben Sie <u>ausführlich</u>, warum dies für den Einzelhandel vorteilhaft sein kann.

Thema 2

Manche Unternehmen schwören auf den Vorteil einer straffen Unternehmenspolitik mit zentralen Entscheidungen. Andere sehen Vorteile darin, Entscheidungen dezentral zuzulassen.

a) Welche Merkmale kennzeichnen das Prinzip der Dezentralisation? Welche speziellen Anforderungen sind damit verbunden?

b) Welche möglichen Vor- und Nachteile hat die Dezentralisation?

c) Im Zusammenhang mit Dezentralisation wird auch das Prinzip des Lean Managements genannt. Erläutern Sie dieses Prinzip!

⇨ Antworten auf S. 118ff.

Betriebswirtschaftslehre des Handels

Fragensatz II / Teil 1

1. Viele Unternehmen lagern heute bestimmte Funktionen aus (outsourcing). Nennen Sie jeweils zwei positive und negative Folgen für das outsourcende Unternehmen!

2. Was versteht man unter Handel im funktionellen Sinne?

3. Nennen und erläutern Sie kurz die drei Überbrückungsfunktionen des Handels.

4. Charakterisieren Sie die wesentlichen Merkmale eines Einkaufszentrums.

5. Worin unterscheidet sich das Einlinien- vom Mehrliniensystem?

6. Organisation soll dauerhaft sein. Andererseits darf sie aber auch veränderten Bedingungen nicht im Wege stehen. Wie läßt sich dies vereinbaren?

7. Beurteilen Sie unter den Gesichtspunkten der
   - Schnelligkeit
   - Durchschlagsfähigkeit und
   - Immisionen

   die Einsatzmöglichkeiten der drei verschiedenen Druckerarten in der EDV.

8. Eine besonders wichtige Kennzahl im Unternehmen ist der Cash flow.
   - Was sagt er aus?
   - Welchen Zwecken dient eine Cash-flow-Analyse?
   - Wozu steht er zur Verfügung?

9. Welche finanzwirtschaftlichen Kriterien muß das Unternehmen beachten?

10. „Leasing vergrößert den Finanzierungsspielraum beim Leasingnehmer." Wie beurteilen Sie diese Aussage? Nennen Sie drei verschiedene Unterteilungsmöglichkeiten.

11. Der Würzburger Kaufmann A macht dem B aus Aschaffenburg ein schriftliches Angebot, das B acht Werktage nach Absendedatum brieflich annimmt. Ist ein Kaufvertrag zustandegekommen, wenn es sich um einfache Artikel des kaufmännischen Bedarfs handelt? Begründen Sie Ihre Antwort!

12. Warum ist für ein Handelsunternehmen die jährliche Gewinn- und Verlustrechnung) nicht ausreichend? Welches Instrument zur Kontrolle und Steuerung sollte deshalb ein Handelsunternehmen besitzen?

⇨ Antworten auf S. 121 ff.

Fragensatz II / Teil 2

Thema 1

a) Was versteht man unter dem Konzentrationsprozeß im Einzelhandel?

b) Worin liegen die Ursachen der Konzentration?

c) Welche Möglichkeiten hat der selbständige Unternehmer, in dieser Entwicklung seine Selbständigkeit zu erhalten?

Thema 2

Ihnen wird die folgende Bilanz vorgelegt. Berechnen Sie aus dieser Unterlage

a) die Liquidität ersten, zweiten und dritten Grades

b) die Eigenkapitalrentabilität. Nennen Sie vier Vergleichsmöglichkeiten, die zur Beurteilung der Eigenkapitalrentabilität herangezogen werden können!

c) Beurteilen Sie ferner die vertikale Kapitalgliederung und prüfen Sie, inwieweit Vermögen und Kapital in einem gesunden Verhältnis zueinander stehen.

Aktiva		Passiva		
Grundstücke	300.000	Eigenkapital		
		Gezeichn. Kapital	400.000	
Geschäftsausstattung	300.000	Kapialrücklage	80.000	
Waren	270.000	Jahresüberschuß	20.000	500.000
Forderungen	150.000	Kurzfristige Rückstellungen		60.000
Bank	50.000	Langfr. Verbindlichkeiten		400.000
Kasse	10.000	Kurzfr. Verbindlichkeiten		120.000
	1.080.000			1.080.000

⇨ Antworten auf S. 124f.

Betriebswirtschaftslehre des Handels

Fragensatz III / Teil 1

1. Wie lassen sich die wesentlichen Merkmale eines Discountgeschäftes definieren?

2. Nur ein Teil des verfügbaren Einkommens kann vom Einzelhandel gebunden werden. Erläutern Sie tabellarisch den Zusammenhang zwischen verfügbarem Einkommen und institutioneller einzelhandelsrelevanter Kaufkraft.

3. Welche Standortfaktoren muß ein Handelsunternehmer prüfen, wenn er die Qualität eines Standorts bewerten will?

4. Warum hat der Produktionsfaktor „Mensch" im Handel eine so überragende Bedeutung?

5. Beschreiben Sie „Franchising" und erläutern Sie die Vor- und Nachteile, die das Franchising dem Einzelhandelsunternehmer bietet.

6. Unterscheiden Sie Aufbauorganisation und Ablauforganisation.

7. Was versteht man unter dem Begriff der Kontrollspanne?

8. Erläutern Sie den Unterschied zwischen sequentiellem und direktem Zugriff und nennen Sie zwei Direktspeicher.

9. Was besagt die „Goldene Finanzierungsregel"?

10. Was versteht man unter „Factoring" Nennen Sie je zwei Vor- und Nachteile, die dem Unternehmen die Zusammenarbeit mit einer Factoring-Gesellschaft bringt.

11. Der Verkäufer V verkauft und übereignet dem Kunden K einen Schrank. Einige Tage später stellt K fest, daß das Holz teilweise wurmstichig ist. V trifft kein Verschulden. Er hat das Holz für einwandfrei gehalten, und hatte

auch nicht den Holzwurm erkennen können. Kann K irgendwelche Ansprüche gegen V geltend machen?

12. a) Sind folgende Allgemeine Geschäftsbedingungen (AGB) eines Händlers gegenüber einem Nichtkaufmann gültig?

„Mängel an der Ware können nur innerhalb von 14 Tagen geltend gemacht werden. Eine Mängelhaftung beschränkt sich auf Nachbesserung. Die Kosten trägt der Käufer."

b) Wer soll vornehmlich durch das AGB – Gesetz geschützt werden?

c) Wie können AGB Vertragsinhalte werden?

⇨ Antworten auf S. 126ff.

Fragensatz III / Teil 2

Thema 1

In einem Diskussionsgespräch sagt Ihnen ein Teilnehmer, der Handel verteuere eigentlich nur die Waren im Wirtschaftskreislauf. Diese Aussage läßt Sie nicht kalt.

Erläutern Sie anhand der Handelsfunktionen, welche volkswirtschaftliche Leistung der Handel für die Gesellschaft erbringt!

Thema 2

Der Kaufmann K erteilt seinem Filialleiter F rechtswirksam Prokura.

a) Wer kann Prokura erteilen? Welche Form ist dabei zu beachten?

b) Zu welchen Rechtsgeschäften ermächtigt sie den F?

c) Welche Rechtsgeschäfte darf der Prokurist jedoch nicht vornehmen?

d) Kann F dem Abteilungsleiter A Prokura erteilen?

⇨ Antworten auf S. 129ff.

Betriebswirtschaftslehre des Handels

Fragensatz IV / Teil 1

1. Beschreiben Sie kurz Aufgabengebiet und Rechtsstellung eines Handelsvertreters. Warumkann die Zusammenarbeit mit ihm für den Unternehmer vorteilhaft sein?

2. Im Rahmen einer Standortanalyse wird auch der Ertragsfaktor Bedarf untersucht. Welche einzelnen Kriterien müssen untersucht werden, um den Bedarf hinsichtlich Art und Menge zu bestimmen?

3. Ein Handelsunternehmer muß die Rahmenbedingungen in seinem Umfeld beachten, wenn er nicht scheitern will. Erläutern Sie stichwortartig die fünf Wirkungskreise, in denen sich diese Rahmenbedingungen zusammenfassen lassen.

4. Beschreiben Sie den Standortfaktor Agglomeration in seiner Wirkung. Grenzen Sie ihn gegenüber dem Faktor Konkurrenz ab!

5. Beschreiben Sie kurz die Betriebsform Fachmarkt anhand der Kriterien Sortiment, Standort, Bedienungsform, Größe der Verkaufsfläche, Serviceleistungen.

6. Eine Organisation soll übersichtlich sein. Erläutern Sie kurz
   - drei Maßnahmen, die dies gewährleisten, sowie
   - was passiert, wenn diese Forderung nicht eingehalten wird (anhand von zwei Beispielen)

7. Was versteht man unter dem Substitutionsprinzip der Organisation? Erklären Sie es mit einem Beispiel!

8. Welche Maßnahmen kann ein Handelsbetrieb kurzfristig ergreifen, damit seine Liquiditätslage rasch verbessert wird? Erläutern Sie kurz vier!

9. In den letzten Jahren hat die Außenfinanzierung erheblich an Bedeutung gewonnen. Erläutern Sie kurz drei Gründe hierfür!

10. Sie wollen einen Computer anschaffen. Welche Kriterien werden Sie hierbei heranziehen, wenn es um die Leistungsfähigkeit geht? Nennen Sie fünf.

11. Unter welchen Bedingungen ist eine Willenserklärung anfechtbar?

12. Erläutern Sie die Rechtsform einer GmbH&Co KG.

⇨ Antworten auf S. 132ff.

Fragensatz IV / Teil 2

Thema 1

Die Strukturen des Handels haben sich in den letzten Jahrzehnten wesentlich verändert. Dies gilt für den Großhandel ebenso wie für den Einzelhandel. Eine der wesentlichen Entscheidungen ist die Wahl der erfolgversprechenden Betriebsform.

Erläutern Sie die Betriebsformen
- Sortimentsgroßhandel
- Spezialgroßhandel
- Zustellgroßhandel und
- Abholgroßhandel

und nennen Sie je ein Beispiel.

Beschreiben Sie die aktuelle Situation des Großhandels.

Thema 2

a) Welchen Zweck hat eine Stellenbeschreibung?

b) Welche Vorteile hat sie? (Nennen Sie fünf!)

c) Nennen Sie die Inhalte der Stellenbeschreibung!

⇨ Antworten auf S. 136ff.

Beschaffung und Lagerhaltung

Fragensatz I / Teil 1

1. Bestimmte Kosten sinken mit wachsender Bestellmenge, andere steigen. Erläutern Sie, welche Kosten sich mit wachsender Bestellmenge verändern. Wann kann man von einer optimalen Bestellmenge sprechen?

2. Es gibt eine Reihe von Gründen, die für eine indirekte Beschaffung des Einzelhandels sprechen. Nennen Sie fünf davon!

3. Der Handel muß sein Warenlager kontrollieren, und zwar
   a) laufend,
   b) periodisch,
   c) in außerordentlichen Fällen.

   Erläutern Sie, in welcher Form dies erfolgt.

4. Welcher Zusammenhang besteht zwischen Bedarfsmenge, Beschaffungsmenge und Bestellmenge?

5. Manche Artikel haben nur einen kurzen Lebenszyklus. Wie nennt man solche Absatzverläufe? Warum kann man für sie keine Prognose erstellen? Nennen Sie zwei Beispiele!

6. Nennen Sie die Formeln zur Berechnung der folgenden Kennziffern:
   - durchschnittlicher Lagerbestand
   - Sicherheitsbestand
   - Meldebestand
   - Lagerumschlag
   - Lagerdauer

7. Wie wird ein Kommissionslagervertrag abgewickelt?

8. Welche Faktoren beeinflussen die Planung der Lagerdimension im Handel?

9. Wann verjährt ein am 23.08.1998 entstandener Kaufpreisanspruch gegenüber seinem Kunden?

10. Oft vereinbaren Vertragspartner einen Eigentumsvorbehalt.

    a) Warum ist dies für den Verkäufer vorteilhaft?

    b) In welchen Fällen verliert der Verkäufer trotz einer Vereinbarung eines einfachen Eigentumsvorbehalts das Eigentum an der Sache?

11. Der Hersteller hat dem Schuheinzelhändler T aufgrund eines Kaufvertrages am 1. März 200 Paar Damenschuhe geliefert. Bis zum 1. Mai ist Valuta vereinbart.

    Da T am 15.5. noch nicht gezahlt hat, schickt ihm H nochmals eine Rechnung, begleitet von ein paar freundlichen Zeilen. Am 1. Juli schickt er ihm eine weitere Mahnung mit der Ankündigung, die Sache seinem Anwalt zu übergeben, falls T nicht umgehend zahle. Nach weiteren zwei Wochen übergibt er die Sache seinem Anwalt. Kann H die Kosten für seine Schreiben und die Anwaltskosten verlangen? Begründen Sie Ihre Antwort!

12. Im Umsatzsteuerrecht werden die Umsätze in der Regel nach vereinbarten Entgelten versteuert. Was versteht man darunter?

⇨ Antworten auf S. 139ff.

Fragensatz I / Teil 2

Thema 1

(1) Aus den folgenden Daten haben Sie für das nächste Jahr Ihr freies Limit zu errechnen:

	Vorjahr	Planung
Umsatz	4.000.000	+ 4 %
Handelsspanne	36 %	36 %
Lagerumschlag	3,8 x	4 x
Endbestand	700.000	
Limitreserve	20 %	20 %

(2) Erläutern Sie, welchen Zweck Limitkontrollen haben.

(3) Der tatsächliche Lagerendbestand fiel um 50.000 EUR niedriger als der geplante aus. Der Planumsatz wurde jedoch um 120.000 EUR verfehlt. Welche Planungsgröße wurde damit ebenfalls nicht erreicht?

Thema 2

Der Kaufmann Friedrich Metzger (M) betreibt ein Handelsgeschäft mit Textilien. Er hat seinem Angestellten Emsig (E) Prokura erteilt und die Vertretungsmacht für Geschäfte auf 6.000 EUR beschränkt. Als M sich in Urlaub befindet, wird dem E günstig eine größere Partie Kaffee angeboten. Er hält dies für einen sinnvollen „Gag" und bestellt beim Großhändler G 2.000 Packungen für insgesamt 6.000 EUR.

Als M aus dem Urlaub zurückkommt, findet er 2.000 Packungen Kaffee und eine Rechnung über 6.000 EUR.

(1) Muß das Unternehmen die Rechnung bezahlen?

Ein weiterer Prokurist der Firma ist der Auffassung, Herr Metzger müsse endlich etwas gegen seinen Haarausfall tun. Er bestellt bei G deshalb namens der

Firma eine Flasche Haarwasser für EUR 12,95. Auch diese Ware wird geliefert, die Rechnung liegt auf dem Tisch des M, der über diese Anspielung erbost ist.

(2) Muß das Unternehmen bezahlen ? M meint: Nein. Lieferant G will ihn deshalb verklagen.

(3) Welches Gericht ist zuständig? Kann sich G vor diesem Gericht selbst vertreten?

⇨ Antworten auf S. 143ff.

Beschaffung und Lagerhaltung

Fragensatz II / Teil 1

1. Ein Handelsunternehmen hat einen Wareneinsatz von 3.600.000 EUR und einen Lagerumschlag von 4. Vergleichsbetriebe haben einen Lagerumschlag von 6.

    a) Wie hoch ist jeweils die Lagerdauer?

    b) Wie hoch ist - bei gleichem Wareneinsatz - der Kapitalbedarf für das Warenlager? Geben Sie bitte auch den Rechenweg an!

2. Der Handelsfachwirt Klug stellt fest, daß sein Betrieb mit der Warengruppe A, die 20% des Lagerwertes ausmacht, 400.000 EUR Umsatz erzielt. Mit der Warengruppe B - sie macht 30% des Lagerwertes aus - erzielt er 75.000 EUR Umsatz. Mit der Warengruppe C, dem Rest des Lagerwertes, erzielt er nur 25.000 EUR Umsatz.

    Diesen Zusammenhang sollten Sie in einer Tabelle und graphisch darstellen.

3. Wie wird der Kauf auf Abruf abgewickelt? Welche Vorteile bringt er dem Käufer?

4. Manche Gründe sprechen für eine zentrale, manche für eine dezentrale Lagerhaltung eines Filialunternehmens. Erläutern Sie sie!

5. Warum werden Limitreserven einbehalten? Wovon ist ihre Höhe abhängig?

6. Warum strebt jedes Unternehmen eine möglichst hohe Lagerumschlagsgeschwindigkeit an? Nennen Sie fünf Gründe!

7. Moderne Warenwirtschaftssysteme können nicht ohne sorgfältige Vorbereitung eingeführt werden. Erläutern Sie diese Maßnahmen kurz!

8. Welche Quellen der primären Beschaffungsmarktforschung kennen Sie? Nennen und erläutern Sie mindestens 3!

9. Ein Lieferant, mit dem Sie in laufenden Geschäftsbeziehungen stehen, übersendet Ihnen eine neue Preisliste. Dummerweise hat er sich bei der Kalkulation verrechnet; einige Preise sind um bis zu 30 % zu niedrig. Sie greifen natürlich zu. Ist der Vertrag zustandegekommen?

10. B bestellt am 5. Mai 1996 beim Vertreter der Schuhfabrik X 50 Paar Schuhe. Als Liefertermin vereinbaren beide im Kaufvertrag „baldigst". 8 Wochen später sind die Schuhe immer noch nicht geliefert. B hat jetzt kein Interesse mehr an den Schuhen. Kann er vom Kaufvertrag zurücktreten, ist er überhaupt noch an den Vertrag gebunden?

    Begründen Sie Ihre Antwort!

11. Der 15-jährige Fritz kauft mit Zustimmung seiner Eltern die 20-bändige „Große Weltgeschichte". Die Bände erscheinen monatlich und kosten jeweils 50 EUR. Als ihm sein Freund erzählt, daß man solche Informationen viel billiger im Internet herunterladen könne, zahlt er nicht mehr. Der Verkäufer verlangt nun das Geld von den Eltern. Zu Recht? Begründen Sie Ihre Antwort!

12. Der Großhändler Emsig verkauft dem Einzelhändler Huber eine Lampe für brutto 89 EUR. Welche Angaben muß diese Rechnung enthalten?

⇨ Antworten auf S. 146ff.

Fragensatz II / Teil 2

Thema 1

Erklären Sie ausführlich alle Kostenfaktoren, die bei der Festlegung der Bestellmenge zu berücksichtigen sind.

Erläutern Sie dabei auch, inwiefern die Höhe der einzelnen Kosten einen wesentlichen Einfluß auf die Bestellmenge hat!

Thema 2

Der Kaufmann K aus Würzburg kauft für seinen Betrieb bei der ABC-Computerhandel GmbH, Frankfurt eine komplette EDV-Anlage, bestehend aus Rechner PC's und Terminals einschließlich deren Installation. Da er bereits eine Anlage besitzt, legt er Wert darauf, daß die neue mit der alten kompatibel ist. Dies sichert ihm der Verkäufer V schriftlich zu.

Bald jedoch zeigt sich, daß sich das alte System nur mit einem Aufwand von 12.000 EUR an das neue System anschließen läßt.

(1) Wer hat die Kosten zu tragen? Begründen Sie Ihre Antwort!

(2) Nach drei Monaten fallen zwei Bildschirme aus. K verlangt sofortige Ersatzlieferung. Die Firma ABC lehnt dies ab, da die Gehäuse der Bildschirme durch eine von K beauftragte andere Firma durch Bohrungen, die durch den Einbau von Halterungen erforderlich waren, verändert wurden. Diese Bohrungen haben jedoch unbestritten den Ausfall der Geräte nicht verursacht. ABC bietet Nachbesserung an, die K jedoch ablehnt. Vertraglich war eine Nachbesserung nicht vereinbart.

Hat K ein Recht auf Ersatzlieferung? (Bitte begründen!)

(3) Durch einen Konstruktionsfehler an der Schaltung erhitzt sich ein Terminal so stark, daß ein Brand ausbricht, der die Einrichtung eines Büroraumes

gänzlich zerstört. Muß der Verkäufer ABC diesen Schaden tragen? (Bitte begründen!)

(4) Die beiden Parteien können sich nicht einigen. Es kommt zu einem Prozeß. Wo ist der Gerichtsstand? Welches Gericht ist zuständig?

⇨ Antworten auf S. 150ff.

Beschaffung und Lagerhaltung

Fragensatz III / Teil 1

1. Erläutern Sie Vorgehensweise und Anwendungsmöglichkeiten der permanenten Inventur.

2. Welche Gründe sprechen für, welche gegen eine kooperative Beschaffung? Nennen Sie insgesamt mindestens fünf Gründe.

3. Erläutern Sie, welche Bedeutung der Lieferzeit bei einer Entscheidung über Auftragsvergabe zukommt.

4. Erläutern Sie stichwortartig je fünf unterschiedliche Vor- und Nachteile großer Bestellmengen.

5. Unterscheiden Sie die manuell kontrollierte Lagerordnung von einer EDV-gesteuerten Lagerordnung und stellen Sie Vor- und Nachteile gegenüber.

6. Bestimmen Sie den durchschnittlichen Lagerbestand, die durchschnittliche Lagerdauer und den Kapitaleinsatz anhand folgender Werte.

Umsatz-VK	480.000 EUR
Handelsspanne incl. MWSt.	40 %
Lagerumschlag	4 x

7. Welche Angaben brauchen Sie, um eine Limitrechnung durchführen zu können?

8. Unter den kurzfristigen Krediten nimmt der Lieferantenkredit eine besondere Stellung ein. Lohnt sich ein solcher Kredit bei den folgenden Zahlungsbedingungen: 20 Tage mit 3 % Skonto, 60 Tage netto?

9. Was verstehen Sie unter einer Ausfallbürgschaft, was unter einer selbstschuldnerischen Bürgschaft?

10. Der kranke Handelsfachwirt Fleißig bittet seinen Freund Gustav, für ihn beim Buchhändler B Bücher zu kaufen, damit er eine gute Prüfung schreibt. Zugleich kündigt er dies dem B in einem Brief an, er werde später vorbeikommen und die Bücher bezahlen. Dem Gustav sagt er, er dürfe nur Lehrbücher kaufen (vor allem das Buch des C). Gustav kauft jedoch auch einen Roman.

    Kann B von Fleißig die Bezahlung des Romans verlangen? Begründen Sie Ihre Antwort!

11. Der Grundstückseigentümer A hat dem B durch schriftlichen Vertrag auf 5 Jahre eine Kiesgrube zur Ausnutzung überlassen. Vereinbarungsgemäß zahlt B hierfür einmalig 5.000 EUR. Nach einem Jahr verkauft A das Grundstück an C. C verbietet dem B die Kiesentnahme.

    Wie ist die Rechtslage?

12. Welche Geschäftsvorgänge unterliegen der Umsatzsteuer?

⇨ Antworten auf S. 153ff.

Fragensatz III / Teil 2

<u>Thema 1</u>

Bei der Bewertung der Warenvorräte zu Einstandspreisen zum Bilanzstichtag gibt es drei Ermittlungsverfahren mit unterstellter Verbrauchsfolge.

a) Stellen Sie diese dar unter Berücksichtigung der Wirkungen auf den ausgewiesenen Gewinn gegenüber einer Durchschnittsbewertung. Unterstellen Sie dabei eine steigende Tendenz der Einstandspreise.

b) Ein Großhändler hat bei der Inventur seine Zementvorräte zu bewerten. Der Anfangsbestand betrug 10.000 Zentner und war mit 30.000 EUR angesetzt. Zugänge erfolgten in der Rechnungsperiode (je 10.000 Zentner) zu 35.000 EUR, 29.000 EUR und 40.000 EUR.

Wie ist der Endbestand (Schlußbestand lt. Inventur = 10.000 Zentner) und der Verbrauch anzusetzen, wenn alternativ die Bewertung nach Fifo, Lifo und Hifo erfolgt?

<u>Thema 2</u>

Ihr Chef berichtet Ihnen, daß er einen Kaufvertrag geschlossen hat, von dem er gern „loskommen" möchte. Sie erzählen ihm nun etwas von

a) Anfechtung eines Vertrages
b) Nichtigkeit eines Vertrages und
c) der Möglichkeit, in bestimmten Fällen auch eine Erklärung im Zusammenhang mit einem Kaufvertrag widerrufen zu können.

Jetzt will er mehr darüber wissen. Erläutern Sie es ausführlich! Gehen Sie dabei auch auf die mit Privaten abgeschlossenen Verträge ein!

⇨ Antworten auf S. 156ff.

Beschaffung und Lagerhaltung

Fragensatz IV / Teil 1

1. Grenzen Sie Marktanalyse, Marktbeobachtung und Marktprognose voneinander ab.

2. Erläutern Sie, wie die folgenden Arten der Bewertung von Warenbeständen laut Inventur durchzuführen sind:
   - Einzelbewertung
   - Durchschnittsbewertung
   - Verbrauchsfolgebewertung

   Was besagt das Niederstwertprinzip?

3. Nennen Sie fünf Kriterien zur Angebotsprüfung.

4. In den letzten Jahren hat der Handel verstärkt die Möglichkeiten erforscht, die Kosten der Logistik zu senken. Erläutern Sie hierzu drei Ansatzpunkte.

5. Die Verpackungsverordnung regelt u.a. die Rücknahmepflicht von Verpackungen. Dabei unterscheidet sie drei Arten von Verpackungen.

   Nennen Sie diese und erläutern Sie, wie hier jeweils die Rücknahme zu erfolgen hat.

6. Erklären Sie fünf Aufgaben der Bestandsführung.

7. Was verstehen Sie unter Fehlmengenkosten? Nennen Sie zwei Beispiele!

8. Erläutern Sie die beiden Begriffe „qualitative" und „quantitative Wertminderung" und geben Sie jeweils ein Beispiel!

9. Der Jüngling J hat eine Freundin F, die er für treu hält. Er kauft beim Juwelier ein Schmuckstück, das er der F zum Geburtstag schenken will. Dabei erzählt er dem Juwelier ausdrücklich, wie treu die F sei und daß er ihr nur wegen dieser Treue ein so teures Geschenk machen wolle. Am nächsten

Tag sieht J die F mit einem anderen Arm in Arm. Kann J den Kaufvertrag anfechten?

10. Die angehenden Handelsfachwirte A, B und C vereinbaren, sich gemeinsam auf die Prüfung vorzubereiten und beschließen, sich dafür ein besonders geeignetes Lehrbuch aus dem BBE-Verlag zu kaufen. Jeder der drei soll zunächst 3 EUR bezahlen und das restliche Geld soll später aufgebracht werden. Die drei kaufen dann beim Dozenten D ein Buch für 15 EUR. 9 EUR zahlen sie an.

    Von wem kann D den Rest des Kaufpreises fordern?

11. Wie lange kann ein Vertragsangebot angenommen werden?

12. Was verstehen Sie unter „geringwertigen Wirtschaftsgütern"? Welches Bewertungswahlrecht besteht bei ihnen?

⇨ Antworten auf S. 159ff.

Fragensatz IV / Teil 2

Thema 1

Zur Berechnung des Einkaufslimits und des freien Limits liegen folgende Daten vor:

Der Umsatz in der Warengruppe X betrug im Vorjahr 250.000 EUR. Der Planumsatz soll 8% höher sein. Die Handelsspanne - im Vorjahr 30% - soll im Planjahr auf 33 1/3% angehoben werden. Der durchschnittliche Kapitaleinsatz für gelagerte Waren soll 36.000 EUR nicht übersteigen. Die Limitreserve wird auf 12% festgelegt. Der Lagerbestand betrug zum 31.12. des Vorjahres 38.234 EUR.

- a) Ermitteln Sie das Einkaufslimit und das freie Limit!
- b) Ermitteln Sie den notwendigen Lagerumschlag!
- c) Begründen Sie die Notwendigkeit von Limitreserven!

(Beachten Sie die Angabe des Rechenweges und richtige Benennungen)

Thema 2

K bestellte bei V am 01.10. eine Glasvitrine aus dem Angebotskatalog des V. Sie vereinbarten, daß V sie am 10.10. bei K gegen umgehende Barzahlung um 14:00 Uhr abliefern solle. Am 10.10. um 14:00 Uhr fährt V bei K mit der im LKW verstauten Vitrine vor. K begrüßt V und sagt: „Sie können die Vitrine in die Wohnung stellen. Leider habe ich kein Geld im Augenblick, erst nächste Woche wieder!" Darauf verweigert V die Ablieferung. Auf der Rückfahrt verursacht V leicht fahrlässig einen Unfall. Dabei geht die Vitrine vollkommen zu Bruch.

- a) Kann K von V die Lieferung der Vitrine am 17.10. aufgrund des am 01.10. geschlossenen Kaufvertrags verlangen?
- b) Kann V von K Bezahlung der zerstörten Glasvitrine verlangen?

⇨ Antworten auf S. 163f.

Kosten- und Leistungsrechnung

Fragensatz I / Teil 1

1. Wodurch unterscheiden sich bilanzielle und kalkulatorische Abschreibungen nach Verfahren, Bemessungsgrundlage und Abschreibungsdauer?

2. Ein Wäschegeschäft hat zwei Abteilungen, die erfahrungsgemäß in etwa den gleichen Wareneinsatz zu verzeichnen haben. Die Abteilung „Dessous" verursacht darüber hinaus laufende Kosten in Höhe von 10.000 EUR, die „Bettwäsche" laufende Kosten in Höhe von 2.000 EUR.

   Sollte Ihrer Meinung nach ein einheitlicher Handlungskostenzuschlag oder ein differenzierter Handlungskostenzuschlag zur Kalkulation der Artikel verwendet werden? Begründen Sie Ihre Antwort!

3. Wann spricht man von sprungfixen Kosten? Erstellen Sie eine Skizze!

4. Warum reicht die Kostenartenrechnung allein für den Handelsbetrieb nicht aus?

5. Unterscheiden Sie die jeweilige Preisuntergrenze der Vollkostenrechnung und der Deckungsbeitragsrechnung auf Grenzkostenbasis.

6. Erläutern Sie anhand eines selbstgewählten Beispiels den Effekt der Fixkostendegression und dessen Wirkung auf die Stückkalkulation.

7. Welche Situation beschreibt der Break-even-point?

8. Warum analysiert man Zeitreihen? Welche Komponenten unterscheidet man bei ihrer Analyse?

9. Aus welchem Grunde werden Klassenbildungen vorgenommen, was ist dabei zu beachten?

10. Wodurch unterscheiden sich Quotenverfahren und Konzentrationsprinzip? Erläutern Sie Ihre Antwort mit einem Beispiel!

11. Welche besonderen Vor- und Nachteile haben graphische Darstellungen gegenüber Tabellen?

12. Was versteht man unter einem Engpaßplan? Welche Folgen hat er für die Gesamtplanung?

⇨ Antworten auf S. 165ff.

Fragensatz I / Teil 2

Thema 1

Ihnen liegt der nachstehend abgebildete Betriebsabrechnungsbogen für den Monat Januar vor.

a) Vervollständigen Sie ihn und berechnen Sie pro Hauptkostenstelle den entsprechenden Handlungskostenzuschlagssatz.

b) Wie hoch ist die Preisuntergrenze für ein Damenkleid bei einem Einstandspreis von 200 EUR?

c) Berechnen Sie das Betriebsergebnis für den Monat Januar. Der Umsatz im Januar belief sich auf 750.000 EUR.

Betriebsabrechnungsbogen

Kostenstellen / Kostenarten	Summe	Allgem. KSt.	Heim-textil	HilfsKSt. Da/He	Damen-verkauf	Herren-verkauf	Verteilungs-schlüssel
Personalkosten	100.000	9.000	12.000	9.000	30.000	40.000	
Kalk. Miete	20.000	3.000	4.000	3.000	4.000	6.000	
Steuern	8.000	1.000	1.500	1.500	2.000	2.000	
Werbung	18.000						3:4:3:4:4
Transportkosten	12.000	2.000	1.200	4.000	2.800	2.000	
Fuhrpark	22.000						6:9:45:45:9
Allg. Verw.K.	29.000	5.000	5.000	6.000	6.000	7.000	
Abschreibungen	18.000	2.000	4.000	2.000	5.000	5.000	
Gesamtkosten							

| Wareneinsatz | 107.000 | | | | 167.400 | 190.650 | |

Verteilungsschlüssel: Allgemeine Kostenstellen: 6:6:8:9
Hilfskostenstellen: 2:3

Thema 2

Ein Großhandelsbetrieb nimmt den Artikel D in sein Sortiment auf. In den folgenden 15 Monaten werden der Reihe nach pro Monat folgende Stückzahlen von diesem Artikel verkauft:

$$4, 5, 3, 5, 6, 8, 10, 11, 17, 21, 23, 22, 24, 26, 25$$

a) Ermitteln Sie das arithmetische Mittel $\bar{x}$ und den Variationskoeffizienten V.

b) Beurteilen Sie aufgrund der Größe des oben berechneten Variationskoeffizienten, ob der Durchschnitt repräsentativ für die Einzelwerte ist.

c) Berechnen Sie die letzten vier dreigliedrigen Durchschnitte und prognostizieren Sie mit Hilfe einer graphischen Darstellung den Absatz des nächsten Monats.

⇨ Antworten auf S. 168ff.

Kosten- und Leistungsrechnung

Fragensatz II / Teil 1

1. Welche Kritik läßt sich an der Vollkostenrechnung üben?

2. Aufwand und Kosten sind nicht deckungsgleich. Erläutern Sie, inwieweit die Begriffe voneinander abweichen.

3. Im Betriebsabrechnungsbogen werden die Kostenstellengemeinkosten über bestimmte Schlüssel verteilt. Für die Verteilung der Mietkosten zieht man im Handel gern die Fläche der jeweiligen Abteilung heran. Wie beurteilen Sie diesen Schlüssel?

4. Nennen Sie die Stufen der Kostenrechnung und erläutern Sie kurz ihre Aufgabe!

5. Was versteht man unter Einzelkosten? Nennen Sie ein Beispiel aus der Praxis eines Handelsbetriebs!

6. In welcher Situation des Marktes wird der Kaufmann die Rückwärtskalkulation anwenden?

7. Warum ist die Deckungsbeitragsrechnung auf Grenzkostenbasis besonders für die Kalkulation von Sonderangeboten geeignet?

8. Erläutern Sie an einem Beispiel die Begriffe statistische Masse, Element und Merkmal.

9. Ihr Chef beauftragt Sie, eine Befragung von 100 Kunden im Geschäft über das Image des Unternehmens durchzuführen. Wie beurteilen Sie dieses Vorgehen aus Sicht des Statistikers?

10. Erläutern Sie das Gesetz der großen Zahl in der Statistik anhand eines einfachen Beispiels!

11. Manche Statistiken werden zu Recht in ihrer Aussagekraft in Zweifel gezogen. Dies liegt häufig daran, daß bei der Erhebung, der Bearbeitung und der Auswertung Fehler gemacht werden. Nennen Sie je zwei Fehlerquellen für diese drei Bereiche.

12. Nennen Sie je ein Beispiel für die verschiedenen Arten von Verhältniszahlen. (Wählen Sie die Beispiele aus dem betrieblichen Rechnungswesen.)

⇨ Antworten auf S. 171ff.

Fragensatz II / Teil 2

Thema 1

Ein Handelsbetrieb mit einheitlicher Kostenstruktur ermittelte für eine Berichtsperiode folgende Daten:

Umsatz	10.000.000 EUR
Wareneinsatz	7.000.000 EUR
Kalkulatorische Abschreibung	200.000 EUR
Kalkulatorischer Unternehmerlohn	100.000 EUR
restliche Handlungsgemeinkosten (ausgabewirksam)	2.500.000 EUR
(darin enthaltene variable Kosten	700.000 EUR
Einstandspreis des Artikels A:	10 EUR

a) Errechnen Sie folgende Kennzahlen:
- Handelsspanne
- Handlungskostenzuschlag
- Umsatzrendite

b) Ermitteln Sie für den Artikel A:
- den Selbstkostenpreis
- den Deckungsbeitrag pro Stück bei einem Verkaufspreis von 14 EUR

c) Mit welchem Handlungskostenzuschlag müßte der Kaufmann rechnen, wenn er kurzfristig nur seine ausgabewirksamen Kosten decken will?

d) Das Unternehmen plant, durch den Verkauf des Artikels A bereits 10 % der Fixkosten abdecken zu können. Wieviel Einheiten von Artikel A müssen verkauft werden, damit dieses Ziel erreicht wird?

Thema 2

In einer Spedition ist das Alter der in Gebrauch stehenden LKW's folgendermaßen verteilt:

Alter	Anzahl der LKW's
1	4
2	3
3	5
4	2
5	1

Berechnen Sie folgende statistische Größen:

a) $\bar{x}$ = Durchschnitt

b) D = Modus

c) Z = Zentralwert

d) SP = Spannweite

e) e = durchschnittliche Abweichung

f) V = Variationskoeffizient

⇨ Antworten auf S. 174ff.

Kosten- und Leistungsrechnung

Fragensatz III / Teil 1

1. Berechnen Sie den Netto Cash flow:

Gewinn laut Bilanz	200.000 EUR
AfA auf Anlagevermögen	50.000 EUR
Erhöhung der Pensionsrückstellungen	20.000 EUR
Außerordentliche Aufwendungen	5.000 EUR
Außerordentliche Erträge	3.000 EUR
Privatentnahmen	80.000 EUR

2. Die Deckungsbeitragsrechnung kann für verschiedene betriebswirtschaftliche Gebiete eingesetzt werden. Nennen Sie vier Einsatzmöglichkeiten!

3. Was versteht man unter einem allgemeinen Unternehmerrisiko, was unter einem speziellen Einzelwagnis?

4. Bei welchem Preis ist der Verkauf einer Ware auch nach den Grundsätzen der Teilkostenrechnung verlustbringend?

5. Warum ist es unzweckmäßig, mit einem einheitlichen Handlungskostenzuschlag zu operieren?

6. Das Gehalt einer Verkäuferin, die in der Lebensmittelabteilung eines Warenhauses tätig ist, kann sowohl als Kostenträgergemeinkosten wie auch als Kostenstelleneinzelkosten verstanden werden. Begründen Sie, warum!

7. Unterscheiden Sie Zusatzkosten und Anderskosten. Nennen Sie je ein Beispiel!

8. Welche Probleme bestehen bei der Ermittlung von Preisindizes?

9. In der Statistik arbeitet man mit drei verschiedenen Mittelwerten. Einer davon ist der Median.
   - Für welche Massen empfiehlt er sich als Mittelwert?
   - Welche Vorteile hat die Bestimmung des Medians?
   - Was sagt der Median aus?

10. Die mündliche Befragung ist eine Möglichkeit, statistische Daten zu erheben. Welche Vorteile bietet sie, welche Probleme bringt sie mit sich?

11. Welche Probleme gibt es, wenn man sekundärstatistisches Material verwendet?

12. Nennen Sie fünf für ein Handelsunternehmen relevante Umweltfaktoren. Erläutern Sie kurz, warum sie von Bedeutung sind.

⇨ Antworten auf S. 176ff.

Fragensatz III / Teil 2

Thema 1

In einem Handelsbetrieb fallen fixe Gemeinkosten in Höhe von 30.000 EUR an. Der Einstandspreis der Ware beträgt 200 EUR; variable Handlungskosten sind nicht anzusetzen. Der übliche Verkaufspreis (ohne Umsatzsteuer) beträgt 300 EUR.

a) Ermitteln Sie rechnerisch den Mindestumsatz (BEP).

b) Wie hoch ist das Betriebsergebnis bei einem Umsatz von 99.000 EUR?

c) Wie hoch ist die Preisuntergrenze im Sinne einer Vollkostenrechnung bei einem Absatz von 200 Stück?

d) Ist es sinnvoll, diesen Artikel im Sortiment zu belassen, wenn nur 200 Stück verkauft werden können?

Thema 2

Die Firma Menke GmbH ist Hersteller von Knabbergebäck und verfügt in 5 Ländern über je ein Werk. Der Gesamtumsatz belief sich 2002 auf 92,8 Mio. EUR. Davon entfielen auf die deutsche Produktion 58,2 Mio. EUR.

a) Wie hoch ist ihr Anteil am Gesamtumsatz?

b) Wie bezeichnet man in der Statistik diesen Wert?

c) Der Gewinn betrug 2002 0,8 Mio. EUR, das Eigenkapital 12 Mio. EUR. Wie hoch war die Eigenkapitalrentabilität? Wie bezeichnet man diesen Wert in der Statistik?

d) Wodurch gewinnt die unter c) errechnete Zahl Aussagewert? Versuchen Sie, das Ergebnis zu bewerten!

e) Der Umsatz des Unternehmens entwickelte sich in den letzten Jahren wie folgt:

1996	1997	1998	1999	2000	2001	2002
65	69,1	76,7	73,5	81,4	85,2	92,8

Berechnen, zeichnen und interpretieren Sie den Index! Um was für eine Zahl handelt es sich bei dem Index?

⇨ Antworten auf S. 180f.

Kosten- und Leistungsrechnung

Fragensatz IV / Teil 1

1. Nennen Sie die fünf kalkulatorischen Kostenarten und erläutern Sie jeweils kurz, aus welchem Grund bzw. wofür sie verrechnet werden.

2. Welche drei Grundsätze sollten bei der Erfassung der Kosten innerhalb der Kostenartenrechnung betrachtet werden? (Jeweils kurze Erläuterung)

3. Nehmen Sie zu folgender Aussage kurz Stellung:
   „Jede Auszahlung des Betriebes führt auch immer zu einem Aufwand. Der entsprechende Aufwand kann aber in einer anderen Periode anfallen."

4. Ein Einzelhandelsunternehmen weist folgende Daten auf:

Bilanzwert des Anlagevermögens	400.000 EUR
Wiederbeschaffungswert des Anlagevermögens	600.000 EUR
Forderungen (Durchschnitt)	50.000 EUR
Warenbestand (Durchschnitt)	300.000 EUR
Telekom-Aktien	80.000 EUR
Lieferantenschulden (Durchschnitt)	250.000 EUR

   a) Wie hoch ist das betriebsnotwendige Kapital?
   b) Wie hoch sind die kalkulatorischen Zinsen bei einem Zinssatz von 7%?

5. Nach welchen Kriterien kann ein Handelsbetrieb in Kostenstellen gegliedert werden?

6. Wie hoch ist der Gesamtgewinn des Betriebes, wenn ein Stück mehr verkauft werden kann, als der Break-even-point als Mindestabsatz vorgibt?

7. Stellen Sie für folgende Geschäftsvorfälle eines Handelsbetriebes fest, ob und in welcher Höhe neutrale Aufwendungen, Grundkosten bzw. kalkulatorische Kosten angefallen sind:

a) Der kalkulatorische Ansatz der Wagnisse ist 1.500 EUR, tatsächlich eingetreten sind Wagnisverluste von 3.000 EUR.

b) Gebuchte Personalkosten   50.000 EUR
Unternehmerlohn   10.000 EUR

c) Überweisung von Gewerbesteuer in Höhe von 4.000 EUR an das Finanzamt. Darin sind 2.700 EUR Gewerbesteuer für das laufende Jahr enthalten, der restliche Betrag stellt eine Steuernachzahlung für das letzte Jahr dar.

8. Welchem Zweck dient die Berechnung von Streuungsmaßen?

9. Welche Verhältniszahlen werden in der Statistik berechnet? Nennen Sie dazu je ein Beispiel aus dem betrieblichen Rechnungswesen.

10. Kennzeichnen Sie kurz die zwei Verfahren des innerbetrieblichen Vergleichs und zeigen Sie jeweils die Vor- und Nachteile auf!

11. Man unterscheidet zwei Typen von Mittelwerten. Ordnen Sie die Ihnen bekannten Mittelwerte entsprechend!

12. Controlling ist heute ein fester Bestandteil in vielen Unternehmen. Welche Aufgaben hat der Controller in einem Handelsbetrieb zu erfüllen?

⇨ Antworten auf S. 182ff.

Fragensatz IV / Teil 2

Thema 1

Ausgangssituation:

Artikel	A	B	C
Verkaufspreis / St. (netto)	10,--	25,--	30,--
variable Stückkosten	6,--	22,--	20,--
Absatz (Stück)	2.000	150	1.500
fixe Kosten	20.000,--		

a) Ermitteln Sie das Betriebsergebnis.

b) Der Abteilungsleiter hat die langfristige Preisuntergrenze für den Artikel B ausgerechnet. Sie beläuft sich auf 30 EUR. Er schlägt vor, den Artikel B aus dem Sortiment zu nehmen, da der Verkaufspreis je Stück darunter liegt. Um welchen Preis handelt es sich bei der langfristigen Preisuntergrenze? Nehmen Sie zu der Empfehlung des Abteilungsleiters Stellung!

c) Der Marketingleiter schlägt vor, für den Artikel C den Verkaufspreis von 30 EUR auf 28 EUR zu senken. Durch dieses Sonderangebot plant er einen Mehrabsatz von 500 Stück, wenn auf dieses Sonderangebot durch eine Werbeaktion aufmerksam gemacht wird. Die geplanten Kosten für diese Werbeaktion betragen 1.700 EUR.

Führt die Sonderaktion zu einer Ergebnisverbesserung, wenn die Planzahlen zugrunde gelegt werden und sich bei den Artikeln A und B keine Änderungen ergeben? (Berechnung erforderlich)

d) Ermitteln Sie für den Artikel A die absolute Preisuntergrenze (mit Begründung)!

Thema 2

Als Geschäftsführer eines Unternehmens mit 40 Mitarbeitern und 2000 qm Verkaufsfläche liegen Ihnen folgende Zahlen vor:

Ihr Umsatz setzte sich in den Jahren 2001 und 2002 wie folgt zusammen:

	Preise (in EUR pro Stück)		Mengen (in Stück)	
	2002	2002	2001	2002
Artikel A	19	20	80.000	75.000
Artikel B	25	25	100.000	110.000
Artikel C	46	50	20.000	17.600
Artikel D	60	60	15.000	14.500

Die Vergleichszahlen des zuständigen Fachverbandes sind:

Durchschnittlicher Umsatz 2002: 8 Mio. EUR
Durchschnittliche Mitarbeiterzahl: 32 Personen
Durchschnittliche Verkaufsfläche: 2.400 qm

a) Vergleichen Sie Ihren Jahresumsatz 2002 mit dem Durchschnittswert des Fachverbandes! Wie heißt die Verhältniszahl, die Sie errechnet haben?

b) Wie hoch ist der reale Umsatzzuwachs? (Auf zwei Kommastellen genau)

c) Berechnen Sie den Preisindex für das Jahr 2002 (Basis 2001) anhand der Zahlen dieses Unternehmens! (Auf zwei Kommastellen genau)

d) Berechnen Sie eine Beziehungszahl aus den Jahreswerten 2002!

e) Bei der Gegenüberstellung von Meßzahlen kommt der als Basis genommenen Zahl eine wichtige Bedeutung zu. Erklären Sie dies anhand eines Beispiels aus obigen Werten.

⇨ Antworten auf S. 185ff.

Absatz

Fragensatz I / Teil 1

1. Welchen Einfluß haben Impulskauf und Gewohnheitskauf auf die Sortimentsplazierung in SB-Läden?

2. Mit welchen Methoden können Sie Informationen über das eigene Unternehmensimage gewinnen? Erläutern Sie kurz drei davon!

3. Wenn Sie einen Artikel in Ihr Sortiment aufnehmen, stellen Sie auch die Frage, welchen Grund- und welchen Zusatznutzen der Artikel dem Kunden bietet. Erläutern Sie die beiden Begriffe anhand je eines Beispiels!

4. Was ist ein Testmarkt und welche Gründe könnten für die Durchführung von Markttests sprechen?

5. Nennen Sie fünf mögliche Adressenquellen eines Einzelhandelsbetriebes, aus denen er eine Kundenkartei aufbauen kann.

6. Ein altbewährter Grundsatz für die Konzeption eines Werbemittels läßt sich in der AIDA-Regel ausdrücken. Was bedeutet diese Regel?

7. Was verstehen Sie unter Preisanpassung? Geben Sie hierzu ein praktisches Beispiel aus Ihrer Branche!

8. Was ist eine Werbekonstante? Aus welchen Bestandteilen kann sie bestehen?

9. Welches Ziel verfolgt die Public Relations? Geben Sie mindestens drei Beispiele für PR-Aktionen im Handel!

10. Die Firma Elektro-Müller wirbt mit der Aussage: „Warum woanders mehr bezahlen? Ich bin doch nicht blöd!" Beurteilen Sie diese Werbung!

11. Ein Kaufmann wirbt mit den Worten: „Das führende Einrichtungshaus in Unterfranken." Unter welchen Voraussetzungen ist eine solche Werbung zulässig?

12. Geben Sie ein Fallbeispiel für die Gruppe der belästigenden Werbung nach § 7 UWG. Erläutern Sie, warum diese Werbung wettbewerbswidrig ist.

⇨ Antworten auf S. 188ff.

Fragensatz I / Teil 2

Thema 1

Erläutern Sie den Begriff der Diversifikation im Handel.

Grenzen Sie die Ausprägungsformen der Diversifikation gegeneinander ab und liefern Sie jeweils entsprechende Beispiele.

Diskutieren Sie Vor- und Nachteile der Diversifikation.

Thema 2

Am vergangenen Samstag warb das Modehaus Lehmann in der örtlichen Zeitung mit folgendem Text:

> **Große Mantelsonntag
> am 28. Oktober 2005**
>
> **Von 13 bis 18 Uhr alle Mäntel um 20% billiger.**
>
> Jeder Kunde erhält beim Kauf eines Mantels einen **Schal gratis**. Gegen Vorlage dieser Anzeige an der Kasse erhalten Sie ein Los und nehmen an unserem großen **Glücksspiel** teil.

Erläutern Sie die Rechtslage und formulieren Sie gegebennenfalls eine vollständige Abmahnung.

⇨ Antworten auf S. 191 ff.

Absatz

Fragensatz II / Teil 1

1. Wie die Fachpresse berichtet, nehmen Handelsmarken im Sortiment des Einzelhandels an Bedeutung ständig zu. Erläutern Sie den Unterschied zu Herstellermarken. Welchen Vorteil bieten Handelsmarken einem Handelsunternehmen?

2. Erläutern Sie kurz die drei Auswahlverfahren, mit denen Sie eine Stichprobe ziehen können.

3. Definieren Sie den Begriff „Panel" und nennen Sie mindestens zwei Probleme, die beim Panel auftreten können.

4. Nennen Sie drei Grundziele der Sortimentspolitik.

5. Sie wollen in ihrem Handelsbetrieb eine Stammkundenkartei aufbauen. Welche Informationen werden Sie aufzeichnen?

6. Erläutern Sie den Zusammenhang zwischen Marktpotential, Marktvolumen und Marktanteil. Stellen Sie ihn auch graphisch dar.

7. Die meisten Handelsunternehmen müssen eine Aufteilung des Absatzmarktes in Marktsegmente anstreben. Definieren Sie den Begriff und bestimmen Sie die Kriterien, nach denen eine Segmentierung möglich ist.

8. Sie betreiben ein Autogeschäft und möchten alle drei Möglichkeiten einer Kollektivwerbung nutzen. Nennen Sie diese drei Möglichkeiten und geben Sie je ein Beispiel, in welcher Form dies geschehen kann.

9. Ein Privatmann erhält ein Fax von einer ihm unbekannten Anlagegesellschaft mit folgendem Text: „ Am 31.12.2001 endet die Zeit der harten DM; denn dann istr Währungsreform! Bringen Sie Ihr gutes Geld jetzt in Sicherheit! Kaufen Sie ein Grundstück in Kanada!"
Beurteilen Sie diese Werbung aus wettbewerbsrechtlicher Sicht.

10. Der Kaufmann Hurtig wirbt: „Skistiefel und Langlaufskischuhe von 120,-- bis 390,-- EUR." Tatsächlich hat er zwar Langlaufschuhe ab 120,-- EUR auf Lager; der billigste Skistiefel kostet jedoch 210,-- EUR. Ist diese Werbung zulässig? Begründen Sie Ihre Aussage!

11. Nennen Sie die drei Formen der Lockvogelwerbung.

12. Der Kaufmann Spitz führt einen Räumungsverkauf wegen Umbau durch. Der Erfolg veranlaßt ihn, schnell noch einen größeren Posten bei seinem Lieferanten nachzuordern. Ist dies in Ordnung?

⇨ Antworten auf S. 194ff.

Absatz – Fragen 81

Fragensatz II / Teil 2

Thema 1

Erläutern Sie die typischen absatzpolitischen Instrumente

a) eines Fachgeschäftes in der City,
b) eines SB-Warenhauses.

Begründen Sie, warum gerade diese Instrumente vorrangig bei den genannten Betriebsformen eingesetzt werden sollen.

Thema 2

Beurteilen Sie diese Anzeige in wettbewerbsrechtlicher Hinsicht:

ALU-TÜREN VERSCHENKT!

Bis zu 50 % Sondernachlaß auf Alu-Haustüren

Nur heute: zusätzlich 25 % Winter-Rabatt
auf alle Alu-Haustüren für Alt- und Neubauten

Sonntag „offene Tür" von 14 bis 17 Uhr

Andere sind preiswert, wir sind billiger. Viele sind gut, wir sind besser
Überzeugen Sie sich und urteilen Sie selbst!

⇨ Antworten auf S. 198ff.

Absatz

Fragensatz III / Teil 1

1. Wie ist es möglich, den Werbeerfolg in einem Handelsbetrieb wirksam zu kontrollieren?

2. Schildern Sie fünf Fälle, wie der Handel das Marktforschungsinstrument „Beobachtung" anwenden kann!

3. Marktforschungsinstitute führen häufig Omnibusbefragungen durch. Was versteht man darunter? Nennen Sie ein Beispiel.

4. Welche Formen des Kundendienstes lassen sich unterscheiden? Nennen Sie je ein Beispiel!

5. Was versteht man unter Sekundärforschung? Nennen Sie fünf außerbetriebliche Informationsquellen für sekundärstatistische Daten, die allgemein zugänglich sind.

6. Nennen Sie fünf Einflußgrößen, die die Preispolitik eines Unternehmens beeinflussen.

7. Wann sollte die Direktwerbung im Gegensatz zur Anzeige stets eingesetzt werden?

8. Erläutern Sie kurz die Möglichkeiten der „Psychologischen Preisfestsetzung".

9. Ein Kaufmann versendet an die privaten Haushalte der Stadt eine Broschüre mit dem Titel: „Heimwerken leicht gemacht" zum Preis von 6 EUR. Im Begleitschreiben ist erwähnt, daß nach etwa 10 Tagen ein Angestellter beim Adressaten vorsprechen werde, um den Kaufpreis zu kassieren oder um die Broschüre wieder abzuholen.

    Ist diese Werbemaßnahme zulässig? Begründen Sie Ihre Antwort!

10. „Wer kann es besser? Farbfernseher XY beim M-Markt 1.399 EUR. Unser Preis: 1.299 EUR" □

    Ist diese Werbung zulässig?

11. Das Pelzhaus Fuchs gibt jedem Kunden, der einen Pelzmantel kauft, eine Eintrittskarte für eine Modenschau als Zugabe. Ein Mitbewerber beschwert sich bei Ihnen darüber.

    Was geben Sie ihm zur Antwort?

12. Kaufmann Wurst bekommt von einem Lkw-Fahrer eine Dieselrechnung folgenden Inhalts:

    ```
    Freie Tankstelle Franz Hölzl
           Rechnung
        Datum: 18.07.2005

    180 l Diesel            EUR 194,40

          Stempel/Unterschrift
    ```

    Welchen Betrag kann Wurst als Vorsteuer geltend machen? Begründen Sie Ihre Antwort! (Vorsicht bei dieser Frage!)

    ⇨ Antworten auf S. 201 ff.

Fragensatz III / Teil 2

Thema 1

Ein Textil-Einzelhändler mit dem Standort in einer mittleren Kreisstadt läßt eine Imageanalyse seines Unternehmens durchführen. Das Ergebnis dieser Analyse ist, daß die Zielgruppe der Jugendlichen das Unternehmen eher negativ als positiv sieht und dabei vor allem das Sortiment kritisiert.

Welche absatzpolitischen Maßnahmen zur besseren Einbindung der Jugendlichen würden Sie empfehlen? Dabei ist darauf zu achten, daß andere Zielgruppen nicht vernachlässigt werden sollen.

Thema 2

Die Generalklausel des § 3 UWG beherrscht das gesamte Wettbewerbsrecht. Auslegungsfähig ist vor allem der Begriff „unlauterer Wettbewerb".

Erläutern Sie anhand des § 3, was unter „unlauterem Wettbewerb" zu verstehen ist. Diskutieren Sie fünf verschiedene Fälle, in denen der Gesetzgeber oder auch die Rechtsprechung einen Verstoß gegen das Verbot der unlauteren Werbung annimmt.

⇨ Antworten auf S. 204ff.

Absatz

Fragensatz IV / Teil 1

1. Stellen Sie graphisch Aufbau und Inhalt des Marktanteils - Marktwachstums- Portfolios dar!

2. Was verstehen Sie unter Produkttreue, was unter Markentreue der Kunden? Inwiefern wirken sich beide Verhaltensweisen der Kunden auf die Sortimentsbildung im Handel aus?

3. Auch der Handels setzt zunehmend Sponsoring ein. Welche Sponsoring-Aktivitäten sind für einen regional arbeitenden Einzelhändler sinnvoll? Erläutern Sie kurz zwei!

4. Bei der Auswahl von Werbeträgern spielt deren Reichweite eine wesentliche Rolle. Welche Arten der Reichweite von Werbeträgern kennen Sie? Erläutern Sie kurz auch anhand je eines Beispiels.

5. Im Verhältnis von Herstellern und Handel kann das Konsumgütermarketing als

   - Pull-Marketing
   - Push-Marketing oder
   - vertikales Marketing auftreten

   Erläutern Sie die Begriffe und geben Sie ein typisches Beispiel für eine Branche, in der die jeweilige Form des Marketing besonders stark ausgeprägt ist.

6. Man unterscheidet heute oft zwischen Versorgungskauf und Erlebniskauf. Erläutern Sie die Begriffe und ihre Bedeutung für das Handelsmarketing.

7. Warum hat das Verhalten des Verkaufspersonals für Handelsunternehmen besondere Bedeutung?

8. Imageanalysen können mit verschiedenen Erhebungsmethoden durchgeführt werden. Hierzu gehört auch das Polaritätenprofil. Entwickeln Sie ein

praktisches Beispiel hierfür, mit dem sich ein Unternehmensimage messen läßt.

9. Der Einzelhändler Pfiffig wirbt mit der Aussage „Günstige Damen- und Herren- Oberbekleidung direkt ab Fabrik". Was halten Sie von dieser Aussage? Beurteilen Sie sie aus wettbewerbsrechtlicher Sicht!

10. Untersuchen Sie folgende Werbung auf Wettbewerbsverstöße:

    „30 Jahre Firma U. Bei U. ist der Bär los! Daher bärenstarke Extrapreise. Wir bedanken uns mit bärenstarker Leistung. Alles 10-30% billiger"

11. Was versteht man unter einem Boykott? Wie beurteilt das Wettbewerbsrecht den Boykott?

12. Beschreiben Sie kurz, warum die Umsatzsteuer im inländischen wie auch im internationalen Warenverkehr wettbewerbsneutral ist. Erläutern Sie Ihre Antwort anhand von drei Kriterien.

⇨ Antworten auf S. 208ff.

Fragensatz IV / Teil 2

Thema 1

Im Handel gewinnt zunehmend die Verkaufsförderung als Instrument zur Marktbeeinflussung an Bedeutung.

a) Grenzen Sie die Verkaufsförderung von der Handelswerbung ab!
b) Erläutern Sie die Gründe für die zunehmende Bedeutung der Verkaufsförderung.
c) Liefern Sie wenigstens je drei Beispiele für dealer promotion und für consumer promotion seitens der Lieferanten.
d) Wie lauten die wichtigsten Aktionsziele im Einzelhandel?

Thema 2

Untersuchen Sie folgende Anzeige auf mögliche Wettbewerbsverstösse:

---

7 Jahre lang
sind wir schon in Himmelstadt
Für Sie werden wir wir
✸ unser 100qm-Warenlager mit Riesen-Rabatten räumen
✸ heute und morgen jedem Kunden ein wertvolles Geschenk überreichen
✸ Sie am kommenden Sonntag zu einem Tag der offenen Tür einladen.
**Unser Fachpersonal berät Sie gern!
Und der Clou:
1000 fast echte Rolex – Uhren, Stück für Stück nur 19,80 €!
Jeder 100. Besucher kauft am Samstag kostenlos!!**
Bei diesem Angebot bleiben Sie uns auch die nächsten 7 Jahre treu!
Alle freuen sich, bloß unsere Mitbewerber sehen da ganz schön alt aus!

Ihr Einkaufszentrum Meyer e.K.

⇨ Antworten auf S. 212f.

Volkswirtschaftliche Grundlagen

50 Fragen zur Vorbereitung auf die mündliche Prüfung

1. Welche idealtypischen Wirtschaftsmodelle kennen Sie?

2. Welche realtypische Wirtschaftsordnung haben wir in der Bundesrepublik Deutschland?

3. Wer setzte die soziale Marktwirtschaft in der Bundesrepublik politisch durch?

4. Was versteht man in der Volkswirtschaftslehre unter einem Gut?

5. Wo liegt der Unterschied zwischen freien und knappen Gütern?

6. Wie lautet das Ökonomische Prinzip?

7. Nennen Sie die Produktionsfaktoren der Volkswirtschaftslehre!

8. Welche Vorteile bietet die Arbeitsteilung?

9. Was versteht man unter Tarifautonomie?

10. Was versteht man unter der Erwerbsquote?

11. Ist der Begriff „Vollbeschäftigung" gleichzusetzen mit dem Sachverhalt, daß jeder Erwerbsfähige auch erwerbstätig ist?

12. Welche Gründe der Arbeitslosigkeit kennen Sie?

13. Beurteilen Sie den Einsatz von Subventionen zur Beseitigung struktureller Arbeitslosigkeit (z.B. im Bergbau).

14. Wie kann der Boden genutzt werden?

15. Wie kann Kapital gebildet werden?

16. Wovon ist das Ausmaß des Sparens abhängig?

17. Worin liegt der Unterschied zwischen Ersatz- und Neuinvestitionen?

18. Definieren Sie den Begriff „Produktivität des Kapitals".

19. Im konjunkturellen Aufschwung spielt der Investitionsmultiplikator eine besondere Rolle. Schildern Sie seine Wirkung!

20. Schildern Sie die Beziehungen der verschiedenen am Wirtschaftskreislauf teilnehmenden Wirtschaftssubjekte (einer geschlossenen Volkswirtschaft, ohne das Ausland).

21. Definieren Sie den Begriff Bruttoinlandsprodukt. Wie wird es ermittelt? Wie hoch war das deutsche BIP im Jahr 2001?

22. Inwieweit bedeutet eine Erhöhung des Bruttoinlandsprodukts gleichzeitig auch eine Mehrung des Wohlstandsverbesserung für die Menschen?

23. Wo liegt der Unterschied zwischen Bruttoinlandsprodukt und Volkseinkommen?

24. In welchen Sektoren der Wirtschaft wird das Bruttoinlandsprodukt erarbeitet? Schildern Sie gleichzeitig die Entwicklung dieser Sektoren. Wie hat sich die Bedeutung der einzelnen Sektoren im Laufe der letzten Jahrzehnte geändert?

25. Wie nennt man die Einkommen der einzelnen Produktionsfaktoren?

26. Was versteht man unter einem Markt?

27. Wann spricht man von einem vollkommenen Markt?
Welche Konsequenz ergibt sich daraus, daß ein vollkommener Markt vorhanden ist? Wie groß ist die Wahrscheinlichkeit, daß man einem vollkommenen Markt begegnet?

28. Welche Marktformen kennen Sie?

29. Zeichnen und definieren Sie die Angebotskurve!

30. Zeichnen und definieren Sie das Verhalten der Nachfrager in der Nachfragekurve!

31. Welche Eigenschaften hat der Gleichgewichtspreis?

32. Unter welcher Voraussetzung verändert sich der Gleichgewichtspreis für ein Gut?

33. Welche Funktionen hat das Geld?

34. Schildern Sie die Buchgeldschöpfung!

35. Was versteht man unter Inflation?

36. Welche Ursachen kann eine Inflation haben?

37. Welche Auswirkungen hat eine Inflation auf Schuldner, Sparer und Bezieher fester Einkommen?

38. Schildern Sie die vier Phasen der Konjunktur!

39. Welche Ziele hat die staatliche Wirtschaftspolitik?

40. Welches Ziel hat die antizyklische Fiskalpolitik?

41. Welche Möglichkeiten hat der Staat, im Boom mit der antizyklischen Fiskalpolitik dämpfend einzuwirken?

42. Worin unterscheiden sich nachfrageorientierte und angebotsorientierte Wirtschaftspolitik des Staates?

43. Welche Position hat die Europäische Zentralbank?

44. Welche Instrumente kann die Europäische Zentralbank (EZB) zur Sicherung des Geldwertes einsetzen? Erläutern Sie sie kurz!

45. Welche Teilbilanzen gehören zur Zahlungsbilanz?

46. Mit welchen Instrumenten kann **der Staat** Exporte und Importe beeinflussen? (Fragestellung beachten!)

47. Welche Arten von Wechselkursen sind Ihnen bekannt?

48. Welchen Vorteil bieten stabile Wechselkurse?

49. Welche Konsequenz hat es für unsere Exporte, wenn sich der Wechselkurs des EUR gegenüber anderen Währungen erhöht?

50. Welche Vorteile und Risiken hat die Europäische Währungsunion mit sich gebracht? Welche Konsequenzen verlangt deshalb die Währungsunion von den Partnerländern?

⇨ Antworten auf S. 214ff.

3. MUSTERANTWORTEN FÜR DIE STOFFGEBIETE

- Betriebliches Personalwesen
- Betriebswirtschaftslehre des Handels
- Beschaffung und Lagerhaltung
- Kosten- und Leistungsrechnung
- Absatz
- Volkswirtschaftliche Grundlagen

Bitte beachten Sie: Auch eine „Musterantwort" wird nicht immer absolut vollständig sein können. Es ist vielmehr eine Antwort, wie sie nach Form und Inhalt von Ihnen in der zur Verfügung stehenden Zeit erwartet werden kann.

Betriebliches Personalwesen

Antwortensatz I / Teil 1

1. a) Leistungsfähigkeit (Intelligenz, Eignung für Beruf oder Tätigkeit, Ausbildung / Fortbildung, körperliche Voraussetzungen, Begabung, Kondition, Tagesform).
   b) Leistungswille (Einstellungen, Bedürfnisse, Motivation).
   c) Sachliche Leistungsvoraussetzungen (z.B. Organisation)

2. Anerkennung der Leistungen (Motivation)Informieren (Identifikation) - Entwicklungsmöglichkeiten im Unternehmen aufzeigen - Regelmäßige Mitarbeiterbeurteilungen und Gespräche (Sicherheit)

3. Sind die Zeugnisse vollständig? – Welche Ausbildung/Abschlüsse hat der Bewerber? – Besitzt er Zusatzqualifikationen? – Ist der Werdegang kontinuierlich oder sprunghaft? – Äußere Form der Unterlagen

4.	Zeitlohn	Leistungslohn
Definition	Eine Lohnform, die das Einkommen auf eine bestimmte Zeit fixiert	Der Verdienst richtet sich ausschließlich oder zum großen Teil nach der erbrachten Leistung
Vorteile	Für den Mitarbeiter: Er hat die Sicherheit, ein fest vereinbartes Gehalt zu erhalten. Einfache Lohnberechnung	Spornt zur Mehrleistung an
Nachteile	• Leistung wird möglicherweise nicht genügend berücksichtigt • Prinzip der „Lohngerechtigkeit" kann verletzt sein • kann bei guten Mitarbeitern demotivierend wirken, weil sie vielleicht das gleiche bekommen wie schlechtere Mitarbeiter	Lohnberechnung ist komplizierter als beim Zeitlohn

5. **Vorteile:**
   - Mitarbeiter ist bekannt, Ungewißheiten der Bewerberauswahl entfallen.
   - Kosten der Personalbeschaffung (Inserat, Vorstellung, Umzug) entfallen.
   - Die Mitarbeiter wissen, daß sie im Betrieb Aufstiegschancen haben. Dies wirkt sich auf Betriebsklima und Fluktuation positiv aus.

   Nachteile:
   - Es besteht die Gefahr von Betriebsblindheit, da keine neuen Ideen von außen eingebracht werden.
   - Mitarbeiter, die nicht zum Zug kommen, sind enttäuscht.
   - Mitarbeiter, die befördert werden, haben u.U. Schwierigkeiten, in ihrer neuen Rolle zurecht zu kommen und die Anerkennung ihrer ehemaligen Kollegen zu finden.

6.
   - Die Mitarbeiter haben heute ein kritischeres Selbstbewusstsein
   - Viele Mitarbeiter haben heute eine höhere Qualifikation. Eine rein formale Legitimation des Vorgesetzten reicht da nicht mehr aus
   - Durch eine fortschreitende Spezialisierung haben Mitarbeiter in ihrem Bereich nicht selten einen Informationsvorsprung vor dem Vorgesetzten
   - Das staatliche System der Absicherung führt dazu, dass die formale „Sanktionsmacht" eines Vorgesetzten heute kaum noch ausgespielt werden kann.

7. 1. Begrüßung des Bewerbers: Dank für die Bewerbung
   2. Erörterung seiner persönlichen Situation: Herkunft, Elternhaus, Hobbys
   3. Bildungsgang: Schule, Weiterbildungsaktivitäten
   4. Berufliche Entwicklung: Erlernter Beruf, Berufl. Veränderungen
   5. Information über das Unternehmen: Unternehmen und Arbeitsplatz
   6. Vertragsverhandlungen: Einkommen, sonstige Leistungen
   7. Verabschiedung

8. Die Änderungskündigung ist eine Sonderform der ordentlichen Kündigung, die mit dem Angebot verbunden wird, ein neues Arbeitsverhältnis zu geänderten Arbeitsbedingungen einzugehen. Geht der Gekündigte nicht auf dieses Angebot ein, so endet das Arbeitsverhältnis mit dem Kündigungstermin.

9. Betriebsvereinbarungen werden zwischen Arbeitgeber und Betriebsrat abgeschlossen. Üblicherweise werden darin u.a. geregelt: Beginn und Ende der Arbeitszeit, Arbeits- bzw. Betriebsordnung, Handhabung der Lohnzahlung, betriebliche Entgeltregelung, Urlaubsgrundsätze, Sozialeinrichtungen.

10. Eine Abmahnung im arbeitsrechtlichen Sinne rügt ein vertragswidriges Verhalten. Sie ist verbunden mit der Androhung einer Kündigung für den Wiederholungsfall. Wegen der Beweisführung sollte eine Abmahnung stets schriftlich erfolgen.

11. Alle Arbeiter unabhängig vom Verdienst. Angestellte bis zur Jahresarbeitsverdienstgrenze. Diese beträgt 75% der jährlichen Beitragsbemessungsgrenze in der Rentenversicherung.

12. Vor dem Arbeitsgericht benötigt die Partei keinen Anwalt. Dieser ist erst ab dem Landesarbeitsgericht erforderlich.

    Ausschlußfrist bedeutet, daß die Klage innerhalb von drei Wochen nach Zugang der Kündigung einzureichen ist. Eine spätere Einreichung wird als verspätet zurückgewiesen.

    Die Güteverhandlung ist die erste Verhandlung. Sie findet vor einem Einzelrichter statt. Wird dort keine gütliche Einigung erzielt, kommt es zu einer Streitverhandlung vor dem hauptamtlichen Arbeitsrichter und zwei Beisitzern.

Betriebliches Personalwesen

Antwortensatz I / Teil 2

Thema 1

Bei der gleitenden Arbeitszeit handelt es sich um eine Arbeitsform, bei der die Arbeitnehmer über Beginn und Ende der täglichen Arbeitszeit in gewissem Rahmen selbst entscheiden.

Die meisten Systeme der gleitenden Arbeitszeit enthalten eine feste Mindestarbeitszeit (Kernzeit). Der Kernzeit vor- und nachgelagert sind sog. Gleitzeitspannen, innerhalb derer die Mitarbeiter nach eigenem Ermessen und entsprechend dem Arbeitsanfall Beginn und Ende ihrer Arbeitszeit festlegen.

Vorteile der gleitenden Arbeitszeit:
Die Arbeitnehmer bekommen durch sie vor allem einen Gewinn an persönlicher Freiheit. Die eigene Entscheidung über die Verteilung der Arbeitszeit nimmt dem einzelnen das Gefühl des Arbeitszwanges. Er kann berufliche und private Dinge besser miteinander abstimmen. Für den Betrieb liegen die Vorteile in einer besseren Anpassung der Arbeitszeit an den Arbeitsanfall und den persönlichen Arbeitsrhythmus des Arbeitnehmers. Fehlzeiten wegen Erledigung privater Angelegenheiten werden reduziert.

Nachteile der gleitenden Arbeitszeit:
Um das Zeitkonto erfassen zu können, müssen Zeiterfassungsgeräte eingeführt werden. Dies wird verschiedentlich als Nachteil empfunden. Verbunden sind damit insbesondere auch erhöhte Kosten. Auch die Zeit der Betriebsbereitschaft wird damit ausgedehnt. Eine Behinderung der Kommunikation kann ebenfalls zu den Nachteilen der gleitenden Arbeitszeit zählen. Dies kann letztlich auch die Produktivität beeinträchtigen.

Insgesamt haben die bisherigen praktischen Erfahrungen ergeben, daß dort, wo eine gleitende Arbeitszeit praktizierbar ist, die Vorteile die Nachteile in der Regel deutlich überwiegen. Die gleitende Arbeitszeit ist dort nicht anwendbar bzw. nur beschränkt anwendbar, wo die Art der Arbeit eine Präsenz des Mitarbeiters zu bestimmten Zeiten verlangt, die nicht einfach aufgrund individueller Entscheidungen abgeändert werden kann. Ein Beispiel hierfür ist der Verkauf im Einzelhandel.

Thema 2

a) Fristgemäße Kündigung:

Im Arbeitsvertrag eines Angestellten ist z.B. eine 6-wöchige Kündigungsfrist zum Monatsende vereinbart. Dann können Arbeitgeber und Arbeitnehmer jeweils 6 Wochen vor dem entsprechenden Monatsende das Arbeitsverhältnis kündigen. Zu beachten: Evtl. längere Kündigungsfristen nach mindestens fünfjähriger Betriebszugehörigkeit!

b) Außerordentliche Kündigung aus wichtigem Grund (§ 626 BGB):

Beispiel: Der Arbeitnehmer hat an der Kasse einen Geldbetrag unterschlagen. Diese Unterschlagung macht es dem Arbeitgeber unzumutbar, das Arbeitsverhältnis auch nur bis zum Ablauf der ordentlichen Kündigungsfrist fortzusetzen.

c) Aufhebung des Arbeitsverhältnisses im beiderseitigen Einvernehmen: In diesem Falle wird ein normaler Aufhebungsvertrag zwischen beiden Parteien abgeschlossen, der an keine bestimmte Frist gebunden ist.

Beispiel: Zwischen Arbeitgeber und Arbeitnehmer kommt es zu Auseinandersetzungen. Beide Parteien verständigen sich darauf, das Arbeitsverhältnis mit sofortiger Wirkung zu lösen.

d) Tod des Arbeitnehmers

e) Zeitablauf:

Ein Arbeitsverhältnis wird z.B. bis zum 30.06. des Jahres befristet. Es läuft dann aus, ohne daß es einer Kündigung bedarf.

f) Zweckerfüllung:

Ein Arbeitsverhältnis wird zur Erledigung einer ganz speziellen Aufgabe abgeschlossen. Es endet dann mit Erfüllung dieser Aufgabe.

Beispiel: Ein Mitarbeiter wird eingestellt, um ein neues EDV-Programm zu entwickeln und zu installieren.

g) Auflösung durch das Arbeitsgericht:

Beispiel: Ein Arbeitsgericht gibt der Kündigungsschutzklage eines Arbeitnehmers mit der Konsequenz recht, daß eigentlich das Arbeitsverhältnis durch die Kündigung nicht beendet wurde. Da vor und während des Prozesses große Spannungen zwischen Arbeitnehmer und Arbeitgeber aufgetreten sind, ist die Fortsetzung des Arbeitsverhältnisses dem Arbeitnehmer nicht mehr zuzumuten. Auf seinen Antrag hin löst das Arbeitsgericht das Arbeitsverhältnis unter Festsetzung einer Abfindung durch den Arbeitgeber auf.

Betriebliches Personalwesen

Antwortensatz II / Teil 1

1. Mobilität bedeutet Beweglichkeit und Anpassungsfähigkeit an neue Entwicklungen.

    - Horizontale Mobilität: Fähigkeit, den Tätigkeitsbereich zu wechseln
    - vertikale Mobilität: Die Fähigkeit, aufzusteigen
    - regionale Mobilität: Die Fähigkeit, den Ort zu wechseln

2. Outdoor- oder Inhouseschulung?
    Gibt es geeignete Anbieter?
    Gibt es geeignete Mitarbeiter, die Schulungen durchführen können?
    Wieviele und welche Mitarbeiter müssen geschult werden?
    Wie sind die Kosten externer bzw. interner Schulungen?

3. Das Entgelt muß

    - leistungsgerecht sein: Gleicher Lohn für gleiche Leistung
    - anforderungsgerecht sein: Gleicher Lohn für gleiche Anforderungen
    - marktgerecht sein: Das Gehaltsniveau des Betriebes muß dem Gehaltsniveau am Arbeitsmarkt entsprechen.

4. Ausgangspunkt ist die maximale Stundenleistung
    - Arbeit an der Ware und Nebentätigkeiten
    - <u>Verkaufsbereitschaft</u>

    = Möglicher (realistischer) Stundenumsatz

5.
    - Er macht Fehler bei der Bewältigung der Aufgaben.
    - Er macht Fehler im Umgang mit Vorgesetzten, Kollegen und seinen Mitarbeitern.
    - Er gewinnt eine negative Einstellung zum Betrieb, zu seiner Arbeit und seinen Vorgesetzten, Kollegen und Mitarbeitern (innere Kündigung).
    - Er wird unzufrieden und sieht sich nach einer neuen Stelle um.

6. Sie können Aufgaben übernehmen, die von formellen Gruppen nicht oder nur unzureichend wahrgenommen werden können, z.B. Information, sozia-

le Integration der Mitarbeiter, gegenseitige Hilfe. Wenn die Interessen und Normen der informellen Gruppen von den betrieblichen Zielsetzungen abweichen, können sie den Betriebsablauf stören.

7. - Kritik in Gegenwart Dritter
   - Kritik durch einen beauftragten Dritten
   - Stillschweigende Kritik
   - Indirekte Kritik
   - Erzwungene Selbstkritik
   - Telefonische Kritik

8. K. muß Lohnfortzahlung leisten. Nur wenn er der Verkäuferin ein Verschulden nachweisen könnte, läge ein Grund dafür vor, die Fortzahlung zu verweigern.

9. Die Kündigungsfristen für ältere Angestellte gelten nur für den Arbeitgeber und damit zugunsten des Arbeitnehmers. Nur dann, wenn im Arbeitsvertrag zwischen beiden Partnern gleich lange Fristen vereinbart sind, könnte sich der Arbeitgeber hierauf berufen.

10. Wenn sie nicht durch Gründe bedingt ist, die
    - in der Person des Arbeitnehmers oder
    - im Verhalten des Arbeitnehmers liegen, oder aber
    - im Vorliegen dringender betrieblicher Erfordernisse, die einer Weiterbeschäftigung entgegenstehen.

11. Fragen nach:
    - Heiratswunsch
    - Religion
    - Gewerkschaftszugehörigkeit
    - Parteizugehörigkeit
    - verjährten Strafen

    sind regelmäßig (außer in ganz bestimmten Ausnahmefällen) nicht zulässig.

12. Maßnahmen zur Arbeitsbeschaffung, Arbeitslosengeld, Arbeitslosenhilfe, Übernahme von Kurzarbeiter- und Schlechtwettergeld. Versichert sind alle

Arbeitnehmer, die über der Geringverdienergrenze liegen, entsprechend der Regelung in der Renten- und Krankenversicherung. (Die Einkommensgrenze liegt für Geringverdiener ab 1.4.2003 in der Wirtschaft bei max. 400€, die wöchentliche Arbeitszeit bei max. 15 Std.)

Antwortensatz II / Teil 2

Thema 1

a) Angaben, die in eine Stellenanzeige gehören:

- Das Unternehmen
- Bezeichnung der Position
- Die Aufgaben der Stelle und ihre Bedeutung (Stellenbeschreibung)
- Die Stellenanforderungen
- Die Arbeits- und Vertragsbedingungen
- Bewerbungsvorgang (wie soll die Bewerbung erfolgen)

b) Beschreibung der auszuschreibenden Stelle in Stichworten:
Verantwortliche(r) für das Finanz- und Rechnungswesen in einem Modehaus. Mitglied der Geschäftsleitung. Selbständigkeit im Arbeitsgebiet, aber Verpflichtung zur Zusammenarbeit im Rahmen der gesamtunternehmerischen Aufgabe. Es handelt sich um eine neue Aufgabe, die bislang vom Inhaber wahrgenommen wurde. Nach einer Einarbeitungszeit von 2 Jahren ist die Aufnahme in die Geschäftsleitung vorgesehen.

Entwurf der Anzeige z.B.: „**Führungsfunktion.**

Wir sind ein marktstarkes Modehaus mit Filialen im Umland. Eine zentrale Führungsaufgabe soll nahtlos innerhalb einer zweijährigen Einarbeitungsphase an den/die neue(n) Leiter(in) der Verwaltung und des Personalwesens übergeben werden. Nach der Einarbeitungszeit wird er bzw. sie als Mitglied der Geschäftsleitung diesen Aufgabenbereich verantwortlich und selbständig führen.

Wir erwarten eine(n) kompetente(n) Bewerber(in) mit einschlägigen Erfahrungen, einem hervorragenden Organisationstalent und der Fähigkeit, vorausschauend zu planen. Erfahrungen im Textileinzelhandel wären von großem Nutzen. Dies ist die Chance für Sie, wenn Sie jetzt als kaufmännischer Geschäftsführer oder Verwaltungsleiter weiterkommen wollen und ca. 35 bis 40 Jahre alt sind.

Bitte nehmen Sie mit unserem Herrn Werner Huber Verbindung auf. Modehaus Huber, X-Stadt, Steingasse 9-17, Tel.: 123456."

Thema 2

a) Pflichten des Arbeitnehmers:

Arbeitspflicht:
Der Arbeitnehmer ist verpflichtet, die vereinbarte Tätigkeit zu leisten, einschließlich der damit verbundenen Nebendienste. (Verkäuferin: z.B. Reinigen des Regals im Parfümeriegeschäft). Der Umfang richtet sich nach der Verkehrsanschauung. Der Arbeitnehmer ist auch verpflichtet, notwendige Mehrarbeit zu leisten. Geschuldet wird die Leistung, nicht der Erfolg (anders als beim Werkvertrag). Einhalten der Arbeitszeit, Pünktlichkeit gehören dazu.

Gehorsamspflicht:
Der Arbeitnehmer ist verpflichtet den Weisungen des Arbeitgebers Folge zu leisten und sich für das Wohl des Betriebes einzusetzen.

Treuepflicht:
Nebenbeschäftigungen, die die Hauptbeschäftigung beeinträchtigen, sind zu unterlassen. Über Geschäftsgeheimnisse muß er Stillschweigen bewahren. Er darf dem Arbeitgeber keine Konkurrenz machen.

b) Pflichten des Arbeitgebers:

Fürsorgepflicht:
Der Arbeitgeber hat alles zu tun, damit Leben und Gesundheit, auch sittliche Lage nicht gefährdet werden. Einhaltung der Unfallverhütungsvorschriften, Gesunde Ausstattung der Arbeits- und Pausenräume, Gleichbehandlung der Arbeitnehmer, Freistellung bei besonderen Anlässen (Heirat, Tod eines Verwandten usw.).

Entgeltleistungspflicht:
Rechtzeitige und vollständige Bezahlung des vereinbarten Arbeitsentgelts.

Sonstige Pflichten:
Lohnfortzahlungspflicht im Krankheitsfalle oder persönlicher Verhinderung der Arbeitsleistung.

Betriebliches Personalwesen

Antwortensatz III / Teil 1

1. Ziel der Personalpolitik ist es, das betriebliche Geschehen reibungslos zu gestalten, indem die Mitarbeiter integriert werden (soziale Zielsetzung) und die Leistung gefördert, gesteigert oder erhalten wird (wirtschaftliche Zielsetzung)

2. Die Absatzplanung muß die Zahl und Art der Mitarbeiter, die zu ihrer Realisierung notwendig sind, berücksichtigen. Andererseits muß die Personalplanung im Handelsbetrieb die Ziele der Absatzplanung zugrunde legen.

3. Die Ladenöffnungszeit beträgt im Durchschnitt 56 Stunden und mehr pro Woche (Stand: Januar 2003), die tarifliche Arbeitszeit dagegen nur 37,5 Stunden pro Woche. Demgemäß wäre die Ladenöffnungszeit nur zu 67% durch die tarifliche Arbeitszeit abgedeckt. Der Personalbestand muß demgemäß um diesen Anteil höher sein.

4.
   - Stärkere Identifikation der Mitarbeiter mit ihrem Unternehmen.
   - Nutzung des Sachverstands der Mitarbeiter.
   - Rationalisierung, Kostensenkung, Ertragserhöhung, Vereinfachung von Arbeitsabläufen, Verbesserung von Arbeitsmitteln, Verminderung von Unfallgefahren.

5. **Vorteile:**
   Teamgeist wird gefördert, Nebenarbeiten werden mit übernommen, da der einzelne nicht ausschließlich das „Umsatzmachen" als Ziel seiner Arbeit ansieht.

   Nachteile:
   Der Gute erhält relativ weniger Prämie, als ihm eigentlich nach seiner Leistung zustehen würde.

6. **Autoritärer Führungsstil:**
   Die Mitarbeiter werden an der Entscheidungsfindung nicht beteiligt. Entscheidungen werden auch nicht offen diskutiert. Die Bereitschaft, selbst

Entscheidungen zu treffen, ist gering. Getroffene Entscheidungen der Führung werden nicht akzeptiert.

Kooperativer Führungsstil:
Die Mitarbeiter tragen zur Entscheidungsfindung bei, die Entscheidungsgründe werden offengelegt und diskutiert. Die Entscheidungen werden von den Mitarbeitern akzeptiert und mitgetragen. Die Bereitschaft, selbst Entscheidungen zu treffen, wächst.

7.
   - Information muß klar, wahr und umfassend sein
   - Information muß gegelmäßig gegeben werden
   - Information muß glaubwürdig sein (auch bei unangenehmen Dingen)
   - Informationen müssen auf den Empfängerkreis ausgerichtet werden.

8. Rückgabe der Delegation bedeutet, daß der Mitarbeiter Entscheidungen, die er selber treffen sollte, aus Angst oder Unsicherheit dem Vorgesetzten vorlegt und diesen entscheiden läßt. Der Vorgesetzte sollte dies deutlich ablehnen und den Mitarbeiter auf seine eigene Kompetenz hinweisen. Ist der Mitarbeiter zu unsicher, so sollte er ihn zur Entscheidungsfähigkeit hinführen.

9. Werdende Mütter dürfen in den letzten 6 Wochen vor der Entbindung grundsätzlich nicht beschäftigt werden, es sei denn, sie erklären sich ausdrücklich zur Arbeitsleistung bereit. Diese Erklärung ist jederzeit widerrufbar.

   Nach der Entbindung **dürfen** Mütter bis zum Ablauf von 8 Wochen nicht beschäftigt werden - auch dann nicht, wenn sie sich ausdrücklich hierzu bereit erklären. Bei Früh- oder Mehrlingsgeburten verlängert sich die Schutzfrist auf 12 Wochen.

   Für die Dauer der Schutzfristen erhalten Mütter, die in der gesetzlichen Krankenversicherung versichert sind, von ihrer Krankenkasse ein Mutterschaftsgeld in Höhe des durchschnittlichen Nettoarbeitsentgelts der letzten 13 Wochen bzw. letzten drei Monate. Der Arbeitgeber hat einen Zuschuß zum Mutterschaftsgeld zu zahlen, soweit das durchschnittliche Nettoarbeitsentgelt die auf 13 € je Kalendertag begrenzte Kassenleistung übersteigt. Der Zuschuß ist in Höhe des Unterschiedsbetrages zwischen Mutterschaftsgeld und dem kalendertäglichen Nettoarbeitsentgelt zu leisten.

10. Es handelt sich um zwei voneinander unabhängige Krankheiten, die jede für sich Gehaltsfortzahlung auslöst. Eine **Fortsetzungserkrankung** könnte nur dann gegeben sein, wenn ein Kausalzusammenhang zur Ersterkrankung besteht. In diesem Falle hätte der Arbeitnehmer nur insgesamt einen Gehaltsfortzahlungsanspruch von 6 Wochen innerhalb von 6 Monaten.

11. Da die Gratifikation ohne Vorbehalt gezahlt wurde, konnte die Verkäuferin davon ausgehen, daß aufgrund dieser betrieblichen Übung und fehlender Rückforderungsregelung eine solche Rückforderung nicht beabsichtigt ist. Sie braucht deshalb nicht zurückzuzahlen.

12. Es darf dreimal ein befristetes Arbeitsverhältnis abgeschlossen werden. Die Befristung darf längstens 24 Monate betragen. Die Verlängerung muß jedoch **vor** Ablauf der Befristung vereinbart werden!

Antwortensatz III / Teil 2

Thema 1

Vorbereitung der Mitarbeiterbesprechung:

- Gründliche eigene Vorbereitung auf das Thema und die bekannten Sachverhalte.
- Geeignete Auswahl der Teilnehmer (wer hat zu diesem Thema etwas beizutragen?).
- Rechtzeitige Vereinbarung bzw. Bekanntgabe des Gesprächstermins mit Datum, Uhrzeit und dem Gesprächsort.
- Bekanntgabe des Gesprächsthemas an alle Teilnehmer.

Durchführung:

- Begrüßung der Teilnehmer und Bekanntgabe der Tagesordnung. Benennung eines Protokollführers.
- Verteilung von Informationsmaterial oder Arbeitsunterlagen.
- Vor Beginn für eine sachliche und gemeinschaftliche Atmosphäre sorgen.
- Leitung der Besprechung durch Anhörung von Darstellungen und Argumenten, Unsachlichkeiten überhören oder sachlich zurückweisen. Bei Themenabweichung oder ausschweifenden Argumentationen behutsame Zurückführung auf das Thema.
- Motivation zur Gesprächsbeteiligung. Alle Äußerungen und Beiträge zum Thema sind anzuhören und ernst zu nehmen.
- Monologe sollen vermieden werden. Eigene Voreingenommenheit darf nicht zum Ausdruck kommen. Der Gesprächsleiter ist Moderator, nicht „Chef" der Gruppe.
- Zusammenfassung der Ergebnisse: Entscheidungen fällen und deren Verwirklichung veranlassen (konkretes Handeln vereinbaren).
- Dank und Verabschiedung.

Thema 2

Mit dem Kündigungsschutzgesetz erhält der Arbeitnehmer einen Schutz gegen willkürliche Kündigungen durch den Arbeitgeber. In Betrieben mit regelmäßig mehr als 5 Arbeitnehmern genießt ein Arbeitnehmer, der länger als 6 Monate dem Betrieb angehört, einen solchen Kündigungsschutz. Seine Kündigung ist dann sozial ungerechtfertigt, wenn sie nicht durch Gründe untermauert werden kann, die in der Person, im Verhalten oder in betrieblichen Gründen liegen.

Der Arbeitnehmer kann gegen eine Kündigung beim Betriebsrat innerhalb einer Woche Einspruch einlegen. Darüber hinaus kann er innerhalb eines Zeitraums von drei Wochen nach Zugang der Kündigung Klage beim Arbeitsgericht einreichen.

Stellt das Arbeitsgericht die Unzulässigkeit einer Kündigung fest, so kommt es zur Weiterbeschäftigung oder, auf begründeten Antrag der Parteien hin, zur Auflösung des Arbeitsverhältnisses gegen Zahlung einer Abfindung nach Festsetzung des Gerichts durch den Arbeitgeber.

Auch Angestellte in leitender Stellung genießen einen Kündigungsschutz; sie können jedoch keine Weiterbeschäftigung durchsetzen.

Betriebliches Personalwesen

Antwortensatz IV / Teil 1

1.

Freiwillig	gesetzlich / tariflich
● Wohnungshilfen ● Umzugshilfen ● Essensgeld ● Fahrgeld ● Kantine ● betriebliche Altersversorgung usw.	● Krankenversicherung ● Unfallversicherung ● Rentenversicherung ● Schwerbehinderte ● Vermögenswirksame Leistungen usw.

2. a) Der Arbeitnehmer erhöht seine Aufstiegs- und Berufschancen im Unternehmen wie auch am Arbeitsmarkt.

   b) Der Betrieb vebessert seine eigene Kompetenz und profitiert davon am Markt.

   c) Die Gesellschaft profitiert durch die verbesserte Qualität des Faktors Arbeit, gewinnt an internationaler Wettbewerbsfähigkeit und legt die Grundlage für das wirtschaftliche Wachstum.

3. $\dfrac{58,5 \cdot 100}{37,5} - 100 = 56\%$

   Die Ladenöffnungzeit ist also um 56 % länger als die tarifliche Wochenarbeitszeit.

   Die Nettobesetzung muß 15 Mitarbeiter betragen.

   $156\% \cdot 15 = 23,4$ $\quad$ (= Bruttobesetzung I)

   $23,4 + \dfrac{22,87 \cdot 23,4}{100} = 28,75$ $\quad$ (=Bruttobesetzung II)

   Die Bruttobesetzung II ist demgemäß 29 Mitarbeiter.

4. Durch marktgerechtes Verhalten sollte der Arbeitgeber den Arbeitsplatz so attraktiv ausgestalten, daß er für den Arbeitsmarkt, d.h. für die Stellensuchenden, interessant ist. Es sollte auch gewährleistet sein, daß die Mitarbeiter im Betrieb zufrieden sind und sich nicht mit Abwanderungsgedanken beschäftigen.

5. Aufgrund von Beobachtungen im Abstand von jeweils zehn Minuten wird festgestellt, welche Tätigkeit die beobachteten Personen in diesem Moment gerade verrichten. Bei einer ausreichenden Anzahl von Beobachtungen kann so ein repräsentatives Bild über die Anteile der einzelnen Beschäftigungsarten eines Mitarbeiters bzw. der Mitarbeiter hergestellt werden.

   Im Verkauf gewinnt man damit ein Bild von der Zusammensetzung der Verkäufertätigkeit z.B. aus Bedienen, Verkaufsbereitschaft, Auszeichnung usw.

6. Es gibt die Kontrollformen „Dienstaufsicht" und „Erfolgskontrolle".

   Da die Dienstaufsicht eine nur stichprobenartige Kontrolle, abgestellt auf den Einzelfall ist, ist zusätzlich eine End- bzw. Erfolgskontrolle (Soll-Ist-Vergleich) notwendig.

7. a) Ziele informieren, motivieren, sind Grundlage für die Kontrolle.

   b) Ziele müssen genau und konkret formuliert sein; sie dürfen sich nicht widersprechen; sie können zwar schwierig zu erreichen sein, müssen jedoch erreichbar sein; sie müssen akzeptiert werden können.

8. a) Schlau hat den vollen Urlaubsanspruch. Die Krankheit schmälerte diesen Anspruch nicht.

   b) Pfiffig hingegen kann den Urlaubsanspruch aus 2002 nicht mehr geltend machen. Nach dem 31. März nämlich ist dieser Anspruch verfallen.

9. Nein, nach § 102 Betriebsverfassungsgesetz ist der Betriebsrat grundsätzlich **vor** Ausspruch der Kündigung anzuhören. Die nachträgliche Zustimmung des Betriebsrates kann den Mangel der nicht ordnungsgemäßen Anhörung des Betriebsrates nicht heilen. (Der Arbeitgeber hat lediglich die Möglichkeit, eine erneute Kündigung auszusprechen.)

10. Der Arbeitnehmer bescheinigt, daß er seine Arbeitspapiere und sein restliches Gehalt erhalten hat und keine sonstigen Ansprüche mehr aus dem Arbeitsverhältnis und seiner Beendigung bestehen. Deshalb kann der Arbeitnehmer hinterher die Kündigung nicht mehr gerichtlich angreifen.

11. Die Verpflichtung besteht darin, sich nach besten Kräften für die Interessen des Arbeitgebers einzusetzen; über Betriebs- und Geschäftsgeheimnisse Stillschweigen zu bewahren; Schaden von der Firma abzuwenden.

12. Im ersten Fall liegt ein befristeter Vertrag vor, während der andere ein unbefristeter Vertrag ist. Konsequenz: Für die Beendigung des unbefristeten Vertrages bedarf es einer ausdrücklichen Kündigung, während der befristete Vertrag automatisch durch Fristablauf endet.

Antwortensatz IV / Teil 2

Thema 1

a) Für alle Mitarbeiter gilt das Kündigungsschutzgesetz, da der Betrieb mehr als fünf Mitarbeiter beschäftigt und die drei Mitarbeiter länger als ein halbes Jahr beschäftigt sind. T kann obendrein nur dann gekündigt werden, wenn der Betriebsrat ausdrücklich zustimmt. In allen Fällen ist der Betriebsrat vorher zu hören. Der T ist verpflichtet, eine vergleichbare andere Tätigkeit im Betrieb wahrzunehmen. Auch zukünftig wird er also Elektriker bleiben, seine Einlassungen sind nicht ernst zu nehmen. Allerdings wird es dem KK zuzumuten sein, in diesem Falle zunächst abzumahnen und erst bei einer beharrlichen Weigerung des T das Kündigungsverfahren einzuleiten. Dies könnte dadurch gerechtfertigt sein, daß wegen laufender Störungen des Betriebsablaufs eine Weiterbeschäftigung des T unzumutbar ist. Stimmt der Betriebsrat jedoch nicht zu, so bleibt dem KK nur die Möglichkeit, das Arbeitsgericht anzurufen. Eine fristlose Kündigung also ist zweifelhaft.

b) Eine Weiterbeschäftigung des G auch nur bis zum Ablauf der Kündigungsfrist ist dem KK nicht zuzumuten. Hier wird G gegen die fristlose Kündigung kaum mit Erfolg klagen können. Jedoch muß der Betriebsrat vorher gehört werden.

c) Auch hier muß KK prüfen, ob wohl eine fristlose oder eine ordentliche Kündigung angezeigt ist. KK könnte ja zunächst den M an anderer Stelle beschäftigen, so daß dann manches für eine ordentliche, fristgemäße Kündigung spricht. Schwierig wird die Sache dann, wenn M alkoholkrank ist und eine Heilung möglich wäre. In diesem Falle nämlich würde der Grund nicht im Verhalten des M sondern in seiner Person liegen und damit ein Interessenausgleich zwischen dem Arbeitgeber und dem Arbeitnehmer vorzunehmen sein. Auch hier: Betriebsrat vorher anhören.

Anmerkung: Wichtig ist, daß die Argumente diskutiert werden.

Thema 2

a)
- Die Verbesserung des Informationsflusses und des Kommunikationsgrades vermittelt den Mitarbeitern bessere Einsicht in die betrieblichen Zusammenhänge und in die Notwendigkeit von Entscheidungen. Sie gelangen so zu einer höheren sachlichen Motivation und Identifikation mit ihrer Aufgabe, zu einer Verbesserung der Zusammenarbeit und Vermeidung von Fehlern.

- Die Beteiligung an Entscheidungsfindung und Planung veranlaßt die Mitarbeiter, die erworbene Sachkompetenz einzubringen, mitzudenken und mitzuverantworten, die Aufgabenstellung als begründet und notwendig anzusehen und aus eigenem Antrieb an der Realisation mitzuarbeiten.

- Die Kontrolle wird als sachlicher Vorgang angesehen, als Soll-Ist-Vergleich, so daß das „sich-persönlich-angegriffen-Fühlen" vermindert wird. Fehler werden nicht mehr versteckt, die Kritik wird zur partnerschaftlichen Suche nach Möglichkeiten, für die Zukunft die aufgetretenen Probleme zu vermeiden oder zu lösen.

- Die Kontakte in der Führung und in der kollegialen Zusammenarbeit werden verbessert und mögliche Spannungen, Mißtrauen, Ressortegoismen werden abgebaut. So kann der mittelständische Handelsbetrieb den Vorteil, den er durch die Überschaubarkeit besitzt, voll ausschöpfen und sich auch in Situationen, in denen man sich schnell und flexibel neu auftretenden Gegebenheiten anpassen muß, besser verhalten. Viele Probleme, die in Großbetrieben durch Arbeitsteilung / Spezialisierung und Einsatz kostspieliger Anlagen gelöst werden, werden durch eine bessere Zusammenarbeit und Erfahrungsaustausch überwunden.

b)
- Ein Führungsstil kann nicht von heute auf morgen umgestellt werden, es ist vielmehr eine Einführungsphase vonnöten, in der sich alle Beteiligten eingewöhnen und einüben müssen. Wichtig ist, daß das gesamte Team - Führende wie Geführte - an den veränderten Stil herangeführt wird. Dazu genügt nicht, daß neue Führungsgrundsätze verkündet werden. Da es hier auf eine Verhaltensänderung ankommt, muß das vorher übliche Verhalten korrigiert und an die neuen Gegebenheiten angepaßt werden.

- Es sind organisatorische Voraussetzungen zu schaffen, die die Aufgabengebiete abgrenzen, die Kompetenzen und die Verantwortung festlegen und den Arbeitsablauf sichern.

Betriebswirtschaftslehre des Handels

Antwortensatz I / Teil 1

1. ● Mensch – Sachmittel - Ware – Information (HBL)
   ● Arbeitskraft (dispositiv und ausführend) - Betriebsmittel – Werkstoffe (BWL)

2. ● Wie ist die Erreichbarkeit mit dem Pkw für Kunden?
   ● Wie ist die Erreichbarkeit für Lieferanten?
   ● Wie ist die Erreichbarkeit mit öffentlichen Verkehrsmitteln?
   ● Wie ist die Parkmöglichkeit?
   ● Wie ist die Erreichbarkeit mit Fahrrädern?

3. Unter „trading down" versteht man alle Maßnahmen, die eine Reduzierung des Einsatzes an Produktionsfaktoren zum Zwecke der Kosteneinsparung zum Inhalt haben, wobei bewußt eine Verringerung der Leistung in Kauf genommen wird. Beispiel: Ausdünnung des Personals → weniger Service. Der Unternehmer gewinnt damit einen preispolitischen Spielraum.

4. Der Produktionsverbindungshandel beliefert Produktionsunternehmen. Roh- Hilfs- und Betriebsstoffe sowie Halbfertigfabrikate werden durch diese Form des Großhandels weitergegeben.

5. B to B bedeutet business to business und beschreibt die Form des eletronischen Handels zwischen Unternehmen, also z.B. dem Hersteller und einem Handelsunternehmen. So kann ein Handelsunternehmen direkt aus dem Computer des Hertstellers Informationen über Waren einholen oder auch Bestellungen vornehmen. Dies beschleunigt und verbilligt den Geschäftsverkehr zwischen Hersteller und Handel.

   Beim B to C (business to consumers) geht es um die elektronische Verbindung zwischen Anbieter und Letztverbraucher. Am bedeutendsten wird hier der Internet-Handel. Der Verbraucher hat dabei den direkten Internetzugang zum Anbieter und kann auch gleich bestellen. Der Anbieter kann auf diesem Wege ganz neue Kundenkreise erschließen und zugleich das Medium als neuen Werbeträger nutzen.

6. K muß den Zuschlag nicht bezahlen. Nach § 11 AGB-Gesetz sind Klauseln für Preiserhöhungen von Waren oder Dienstleistungen, die innerhalb von 4 Monaten nach Vertragsabschluß geliefert oder erbracht werden sollen, unwirksam.

7.
   - Verrichtung
   - Objekt
   - Hilfsmittel
   - Ort
   - Rang
   - Phase
   - Zweckbeziehung

8. Multiprogramming ist ein Verfahren, das mehrere Programme in einer Anlage innerhalb des gleichen Zeitraums ablaufen läßt. Das Arbeitsprogramm wird unterbrochen, wenn eine Ein- oder Ausgabe erfolgt. Während dieser Zeit kann die Zentraleinheit andere Programme steuern.

9.
   - Lieferantenkredit: Ein Warenkredit - der Lieferant erklärt sich mit der späteren Bezahlung der Waren einverstanden.
   - Kontokorrentkredit: Die Bank gewährt ohne gesonderten Vertrag die Ausnutzung einer zuvor generell vereinbarten Kreditlinie.

10. Der Zinssatz liegt in der Regel unter dem vergleichbarer Bankkredite. Der Zinssatz ist für die Laufzeit des Darlehens fest. In der Regel werden tilgungsfreie Jahre eingeräumt.

11.
   - Abschlußfreiheit: Ich kann abschließen, mit wem ich will.
   - Inhaltsfreiheit: Ich kann vereinbaren, was ich will.
   - Formfreiheit: Ich bin an keine spezielle Form gebunden.

12. Eine Option ist die Rechtsmöglichkeit, durch einseitige Willenserklärung rechtsgültig einen Vertrag, z.B. einen Kauf- oder Mietvertrag, abschließen zu können.

Antwortensatz I / Teil 2

Thema 1

Angebot eines breiten Sortiments:
Genauso wie für den Hersteller an die Stelle vieler kleiner Einzelhandelsunternehmen wenige Großhandelsunternehmen als Abnehmer treten, nimmt der Großhandel dem Einzelhandel die Aufgabe ab, für eine Vielzahl von Produkten, die aufgrund der Käufergewohnheiten im Sortiment geführt werden müssen, entsprechende Lieferanten zu finden. Auf diese Weise wird die Auswahl durch das breite Sortiment im Großhandel für den Einzelhandel erleichtert. Da bei einem Großhändler die Angebote vieler Hersteller zusammenlaufen, findet der Einzelhandel preislich, sortiments- und qualitätsmäßig eine reichhaltige Musterkollektion in einer Hand.

Sicherung kurzfristiger Belieferung:
Durch kurzfristiges Bestellen und Eindecken mit relativ kleinen Mengen spart der Einzelhandel Lagerhaltung und verringert sein Lagerrisiko. Der Einzelhandel ist nicht in dem Maße wie vielfach der Großhandel gegenüber dem Hersteller an Mindestabnahmen gebunden.

Kredithilfen:
Eine langjährige Geschäftsverbindung ermöglicht es dem Großhandel, die Kreditwürdigkeit eines Einzelhandelsunternehmens zu beurteilen und entsprechende Kredithilfen zu gewähren: Sei es durch längere Zahlungsziele (z.B. Valuta) oder durch langfristige Warenkredite, mit denen z.B. die Erweiterung eines Einzelhandelsgeschäftes indirekt finanziert wird. Auch kommt es vor, daß der Großhandel dem Einzelhandelsunternehmen Kredithilfe durch Übernahme einer Bürgschaft gibt. Die genannten Möglichkeiten einer Kredithilfe stellen hohe Anforderungen an das Eigenkapital des Großhandels, zumal er seine Lieferantenrechnungen meist kurzfristig zu bezahlen hat. Seine „Sicherheiten" bestehen oft nur in dem Eigentumsvorbehalt für gelieferte, aber noch nicht bezahlte Ware und etwaigen Wechselunterschriften.

Servicepolitik:
Verfügt der Großhandel langfristig über einen konstanten Abnehmerkreis im Einzelhandel, so wird er versuchen, diesen durch zusätzlichen Service noch in-

tensiver an sich zu binden. Dazu gehört etwa die Durchführung von Schulungen durch den Großhandel und zwar nicht nur für das Verkaufspersonal der Einzelhändler, sondern auch für den Einzelhändler selbst. Zu nennen sind auch: Betriebsberatung, Marktforschung und gemeinschaftliche Werbung.

Teilweise wird sogar die Buchführung durch den Großhandel in zentralen Buchungsstellen übernommen. Eine vereinheitlichte Buchführung erleichtert die Lagerstatistik: Leistungsmeßzahlen sind besser errechenbar und schaffen gute Voraussetzungen für mögliche Betriebsvergleiche.

Thema 2

a) Das Prinzip der Dezentralisation geht von dem Grundsatz aus, daß nicht alle Entscheidungen von der Spitze getroffen werden müssen. Aufgaben, Verantwortung, Kompetenz und damit auch Entscheidungen sollen vielmehr soweit wie möglich nach unten delegiert werden. Damit wird zugleich auch die Spitze entlastet. Die Anforderungen an die Führungsqualifikation der unteren Einheiten werden damit höher. Andererseits muß die Spitze auch Entscheidungen zulassen können, die anders ausfallen, als wenn man sie selbst getroffen hätte.

b) Mögliche Vorteile:
- Größere Beweglichkeit, Orts- und spezielle Fachkenntnis der dezentralen Einheiten wird genutzt.
- Stärkere Motivation der Mitarbeiter
- Größere Chancen zur persönlichen Weiterentwicklung der Mitarbeiter

Mögliche Nachteile:
- Geringere Ausschöpfung von Rationalisierungspotentialen
- Geringere Übersicht der Spitze, geringere Kontrolle über die Einheiten
- Unzureichende Koordination zwischen den Einheiten („jeder entscheidet anders")
- Uneinheitliches Erscheinungsbild des Unternehmens nach außen

c) Die in Japan entwickelte Konzeption des Lean Management will durch eine schlanke Organisationsstruktur ein Höchstmaß an Rationalisierung erschließen. Hierzu gehören:

- Flache Hierarchien, Dezentralisierung von Verantwortung, Entscheidungsspielraum vor Ort
- Führung ist eine Aufgabe, die Leistung fördern soll.
- Die Fachbereiche vor Ort nehmen zugleich auch die Arbeit der Stäbe wahr.
- Kundenorientierung ist Prinzip in allen Unternehmensbereichen (Kundennähe der Entscheidung).
- Enge Zusammenarbeit auch mit Lieferanten. Sie wirken mit bei der Produktentwicklung.

Betriebswirtschaftslehre des Handels

Antwortensatz II / Teil 1

1. Positive Folgen können sein:
   - Spezialisten können die Funktion besser erfüllen
   - Geringere Fixkosten: Man muß die entsprechenden Kapazitäten nicht mehr ständig bereithalten
   - Der Unternehmer kann sich auf seine Kernaufgaben konzentrieren.

   Negative Folgen können sein:
   - Verlust an Kompetenz
   - Abhängigkeit von der Quzalität der Leistung des Partnerunternehmens
   - Geringere Kundenbindung

2. Die Beschaffung und unveränderte Weitergabe von Gütern am Markt.

3. - **Räumlicher Ausgleich** - Der Handel bringt die Ware vom Hersteller zum Verbraucher.
   - **Zeitlicher Ausgleich** - Durch Lagerung überbrückt der Handel das Auseinanderklaffen von Herstellung und Verbrauch (mit Lagerfunktion, Vordispositionsfunktion und Kreditfunktion)
   - **Regionaler Preisausgleich** - Der Handel bringt die Ware dorthin, wo ein guter Preis erzielt wird. Er erhöht dort damit die Angebotsmenge, wodurch der Preis der Ware sinkt. Konsequenz: Die Preise der Waren nähern sich auf den verschiedenen regionalen Märkten einander an.

4. Ein Einkaufszentrum ist eine als Einheit geplante und errichtete, gemeinsam verwaltete Agglomeration von Einzelhandels- und Dienstleistungsunternehmen verschiedener Art und Größe. Die einzelnen Unternehmen sind auch optisch voneinander getrennt. Der Standort liegt häufig an der Peripherie, zunehmend aber auch in Innenstädten.

5. **Einliniensystem:** Jede Stelle hat nur einen Vorgesetzten.

   Mehrliniensystem: Eine Stelle hat mehrere vorgesetzte Instanzen (Fachvorgesetzte).

6. Dauerhaftigkeit bedeutet, daß die generellen Regelungen einen festen Handlungsrahmen und damit für jeden Mitarbeiter Sicherheit im Handeln bieten. Deshalb dürfen diese Regelungen nicht ständig umgestoßen oder mißachtet werden.

   Ändern sich jedoch die betrieblichen Ziele oder Bedingungen, so darf die einmal eingerichtete Organisation nicht zum Hemmnis werden; sie muß sich an diese Änderungen anpassen können. So sind ständige Mißachtungen oder häufige Ausnahmen von organisatorischen Regelungen ein Zeichen dafür, daß die bestehende Organisation geändert werden muß.

7. Nadeldrucker: Langsam, kann Durchschläge anfertigen, laut, preiswert
   Tintenstrahldrucker: Schneller, keine Durchschläge, bessere Druckqualität, etwas teurer
   Laserdrucker: Schnell, keine Durchschläge, optimale Druckqualität; relativ am teuersten

8. Cash flow ist der im Unternehmen innerhalb einer Periode erwirtschaftete Zahlungsmittelzufluß. Er steht für Investitionen, Tilgungen und Entnahme zur Verfügung. Die Cash-flow-Analyse dient dem innerbetrieblichen und zwischenbetrieblichen Vergleich.

9. Liquidität - Rentabilität - Sicherheit - Unabhängigkeit / Dispositionsfreiheit.

10. Sie ist nur bedingt zutreffend, da die Leasinggeber auch Bonitätsprüfungen durchführen. Das Leasing bietet jedoch eine leichtere Finanzierung von Anlagegütern, und damit oftmals 100% Fremdfinanzierung.
    - Direktes – indirektes Leasing
    - Operate Leasing – Finance Leasing
    - Vollamortisations-Leasing – Teilamortisations-Leasing
    - Immobilien-Leasing – Mobilien-Leasing

11. A. ist an sein Angebot solange gebunden, als er unter normalen Umständen mit einer Antwort rechnen kann. Bei einfachen Artikeln des kaufmännischen Bedarfs ist dies unter Berücksichtigung des Postlaufweges von insgesamt max. 4 Tagen und einer Überlegungsfrist von 24 Stunden nach 5

Tagen der Fall. Im vorliegenden Falle hat B das Angebot also zu spät angenommen. Ein Kaufvertrag ist nicht zustande gekommen.

12. Die Informationen der Gewinn- und Verlustrechnung über Umsatz, Wareneinsatz, Rohgewinn und Spanne kommen in der Regel zu spät. Außerdem werden die Daten nur für den gesamten Betrieb dargestellt. Deshalb ist ein kurzfristiges Controlling unerläßlich, das monatlich Umsatz, Wareneinsatz, Rohgewinn, Spanne, durchschnittlichen Lagerbestand sowie Lagerumschlag je Warengruppe ermittelt.

Antwortensatz II / Teil 2

Thema 1

a) Unter dem Begriff des Konzentrationsprozesses im Einzelhandel versteht man die Tatsache, daß ein immer größerer Teil des Handelsumsatzes auf eine kleine Zahl von Handelsbetrieben konzentriert wird.

b) Ursachen hierfür sind unter anderem:

- Neue, großflächige Betriebsformen (Verbrauchermärkte, Fachmärkte) erwerben sich häufig durch preisaggresive Strategien erhebliche Marktanteile.

- Die zunehmende Ballung der Bevölkerung in Ballungszentren begünstigte Großbetriebsformen.

- Die zunehmende Motorisierung verlagerte insbesondere den Versorgungseinkauf sehr stark auf Großbetriebsformen.

- Großbetriebe haben günstigere Einkaufskonditionen.

- Durch Filialisierung entsteht ein Risikoausgleich. Ein Großunternehmen kann Standorte auch dann besetzen, wenn dort zunächst auf einige Jahre Verluste entstehen.

- Großunternehmen können sich verstärkt Spezialisten leisten.

- Demgegenüber stehen häufig eine mangelnde Führungsqualifikation sowie mangelnde betriebswirtschaftliche Kenntnisse von Kleinunternehmern.

c)
- Kooperation mit anderen Betrieben (Einkauf, Marketing usw.)

- Systematische Aus- und Fortbildung im eigenen Unternehmen, vom Unternehmer bis zum Auszubildenden

- Stärkeres Herausarbeiten der eigenen Stärken (z.B. stärkere persönliche Bindung der Kunden an das Unternehmen, größere Beweglichkeit, Entdecken von Nischen am Markt usw.)

- Franchising als eine besonders enge Kooperation zwischen einem Franchisegeber und einem Franchisenehmer. Der Franchisegeber bringt in diese Partnerschaft das spezielle Know-how, oft auch die Ware und eine

Reihe weiterer Dienstleistungen wie z.B. das Werbekonzept ein, der Franchisenehmer das Kapital und die Arbeit.

Thema 2

a) Liquidität ersten Grades: $\dfrac{60.000}{180.000} \cdot 100 = 33{,}3\ \%$

Liquidität zweiten Grades: $\dfrac{210.000}{180.000} \cdot 100 = 116{,}7\ \%$

Liquidität dritten Grades: $\dfrac{480.000}{180.000} \cdot 100 = 266{,}7\ \%$

b) Die Eigenkapitalrentabilität liegt mit 4,17 % deutlich zu niedrig. Die Rendite liegt unter dem Niveau langfristiger festverzinslicher Wertpapiere. Stattdessen müßte sie erheblich darüber liegen, weil neben dem Kapitaleinsatz auch das unternehmerische Risiko verzinst werden müßte.

Vergleichsmöglichkeiten:
- Vorjahreswerte
- Branchenwerte
- Planwerte
- Zinssatz am Kapitalmarkt

c) Das langfristige Kapital beläuft sich auf 900.000 EUR, das kurzfristige Fremdkapital auf 180.000 EUR. Die Kapitalstruktur kann als sehr gesund bezeichnet werden.

Das Verhältnis von Eigenkapital zu Anlagevermögen beläuft sich auf 83 % die Anforderungen der goldenen Bilanzregel sind damit nicht vollständig erfüllt.

Das Verhältnis von Eigenkapital + langfristigem Fremdkapital zu Anlagevermögen + 1/3 Umlaufvermögen beläuft sich auf 118 %. Das Unternehmen kann damit als solide finanziert bezeichnet werden. Die goldene Finanzierungsregel ist erfüllt.

Betriebswirtschaftslehre des Handels

Antwortensatz III / Teil 1

1. Ein Discountgeschäft bietet ein gestrafftes, schmales und flaches, auf schnellen Lagerumschlag ausgerichtetes Sortiment von problemlosen Waren an. Es wird wenig Personal eingesetzt und keine Dienstleistungen angeboten. Die Geschäftsausstattung ist einfach. Verkaufsfläche: Zumeist unter 800 qm, allerdings wachsend. Standort: Innenstadt oder Randlagen.

2. Verfügbares Einkommen
   ./. Sparquote
   = **ausgabefähiges Einkommen**
   ./. nicht einzelhandelsrelevanter Verbrauch (z.B. Reisen, Versicherungen, Wohnen)
   = **funktionale einzelhandelsrelevante Kaufkraft**
   ./.Ausgaben für Waren, die nicht im institutionellen Einzelhandel getätigt werden. (zB. Kauf beim Hersteller, in Gaststätten usw.)
   = **institutionelle einzelhandelsrelevante Kaufkraft**

3. a) Standortfaktoren die die Ertragshöhe beeinflussen:
   - Bedarf (Einwohner, Passanten, Pendler usw.)
   - Kaufkraft
   - Konkurrenz
   - Agglomeration
   - Herkunfts-Goodwill

   b) Standortfaktoren, die die Aufwandshöhe beeinflussen:
   - Raummieten / Grundstückspreise
   - Personalkosten
   - Steuern und Abgaben
   - Transportkosten

4. Die Leistungserstellung im Handel ist ohne den Faktor Mensch undenkbar. Gerade in Betriebsformen wie dem Fachgeschäft ist er nur zu einem geringen Teil substituierbar. Der Faktor Mensch ist auch ein wesentlicher Kos-

tenfaktor (an die 60 % der Gesamtkosten). Der Einsatz des Produktionsfaktors muß langfristig geplant und durch sorgfältige Aus- und Fortbildung an den Bedarf angepaßt werden.

5. Franchising ist eine sehr enge Form einer vertikalen Kooperation, bei der ein Franchisegeber aufgrund einer langfristigen vertraglichen Bindung einem rechtlich selbständigen Franchisenehmer gegen Entgelt das Recht einräumt, Waren und Dienstleistungen unter Verwendung von Namen, Warenzeichen, Ausstattung oder sonstigen Schutzrechten anzubieten.

   Der Franchisenehmer übernimmt das Know-how des Franchisegebers. Sein unternehmerisches Risiko ist damit geringer; er muß jedoch auch das Marketingkonzept des Franchisegebers akzeptieren; sein unternehmerischer Spielraum ist damit eingeschränkt.

6. Die **Aufbauorganisation** befaßt sich mit dem hierarchischen Aufbau eines Betriebes. Sie stellt den betrieblichen Rahmen dar, sie hat einen statischen und abgrenzenden Charakter.

   Die **Ablauforganisation** befaßt sich mit dem betrieblichen Geschehen, dem Arbeitsablauf. Sie hat einen dynamischen, verbindenden und integrierenden Charakter.

7. Die Kontrollspanne drückt aus, wieviele durchschnittlich befähigte Mitarbeiter von einer Stelle geführt werden können (sachlich und persönlich).

8. **Sequentieller Zugriff:** Man kann auf die Daten nur in der Reihenfolge ihrer Aufzeichnung zugreifen. Die Daten sind hintereinander gespeichert und können nicht sofort erreicht werden.

   Direkter Zugriff: Sofortiger Zugriff ist möglich. Voraussetzung dafür sind direkt adressierbare Speicher.

   Direktspeicher: Magnetplatte, Diskette, Arbeitsspeicher

9. Langfristig gebundenes Vermögen (Anlagevermögen + Eiserner Bestand des Umlaufvermögens) soll mit langfristig zur Verfügung stehendem Kapital (Eigenkapital + langfristiges Fremdkapital) finanziert werden. Die kurz-

fristig im Unternehmen verbleibenden Güter des Umlaufvermögens können mit kurzfristigen Mitteln finanziert werden.

10. Factoring ist ein Finanzierungsgeschäft, bei dem ein Finanzierungsinstitut (Factor) Forderungen aus Warenlieferungen und Leistungen ankauft und bis zur Fälligkeit bevorschußt. Dabei übernimmt es auch Dienstleistungen wie Buchhaltung und Mahnwesen und das Risiko des Forderungsausfalls (echtes Factoring).

    Vorteile:
    - Liquiditätsverbesserung – Der Unternehmer erhält sofort sein Geld
    - Das Risiko trägt der Factor

    Nachteile:
    - Kosten – Der Unternehmer erhält nur einen Teil seiner Forderungen
    - Die Verbindung zum Kunden ist unterbrochen. Der Factor geht sehr viel rücksichtsloser vor

11. Der Käufer hat bei der Lieferung einer mangelhaften Sache einen Anspruch auf Nacherfüllung. Das bedeutet: Nach seiner Wahl Nachbesserung oder Ersatzlieferung. Da hier beides wohl nicht möglich ist, kann er wählen zwischen:

    – Rücktritt vom Kaufvertrag oder

    – Kaufpreisminderung und Schadensersatz, unter der Voraussetzung, daß der Verkäufer den Mangel zu vertreten hat. Der Schadensersatzanspruch wird in diesem Falle jedoch zu verneinen sein.

12. a) Die Formulierungen sind nicht zulässig. Sie verstoßen gegen die gesetzlichen Bestimmungen (§459ff. BGB) und benachteiligen den Verbraucher unangemessen.

    b) Der private Verbraucher (Nichtkaufleute)

    c) Durch Unterschrift der Vertragspartner. Bei Gütern des täglichen Bedarfs (z.B. Schuhe) genügt auch ein deutlicher Aushang in den Geschäftsräumen (z.B. an der Kasse).

Antwortensatz III / Teil 2

Thema 1

Zwischen Herstellung und Verbrauch bestehen vielfältige Spannungen, die vom Handel überbrückt werden. Eine arbeitsteilige Gesellschaft kann deshalb ohne einen leistungsfähigen Handel nicht bestehen. Im einzelnen erfüllt der Handel folgende Funktionen:

1. Überbrückungsfunktion

1.1 Funktion des räumlichen Ausgleichs
Der Handel übernimmt das Heranbringen der Waren an den Kunden. Er überbrückt den Raum zwischen Herstellung und Verbrauch. Dies geschieht durch das Heranführen des Angebots an den Kunden sowie die örtliche Bereithaltung und Darbietung der Ware.

1.2 Funktion des zeitlichen Ausgleichs

1.2.1 Lagerfunktion
Produktion und Verbrauch fallen zeitlich häufig auseinander. Bestimmte Produkte werden nur zu bestimmten Jahreszeiten produziert, das gesamte Jahr über jedoch nachgefragt. Andere Produkte werden das Jahr über produziert, während die Nachfrage sich schwerpunktmäßig auf wenige Monate konzentriert. Der Handel gleicht diese Spannung durch Vorratshaltung sowie entsprechende Disposition aus.

1.2.2 Vordispositionsfunktion
Dem Lieferanten gegenüber muß vordisponiert und bestellt werden.

1.2.3 Funktion des finanziellen Ausgleichs (Kreditfunktion)
Der Handel bezahlt die Güter, wenn er sie kauft und finanziert damit das Warenlager für seine Kunden vor. Durch Absatzfinanzierung (Kreditgewährung usw.) erleichtert er seinen Kunden den Kauf.

1.3 Funktion des regionalen Preisausgleichs
Der Handel kauft waren dort, wo sie besonders günstig sind und bietet sie dort an, wo er einen guten Preis erzielen kann. Damit nähern sich die Preise auf den Märkten einander an.

2. Warenfunktion

2.1 Quantitätsfunktion
Der Handel nimmt eine mengenmäßige Umgruppierung vor. Er kauft in großen Mengen ein und gibt diese verbrauchsgerecht weiter; in anderen Fällen kauft er kleine Mengen ein und verkauft große Mengen an bestimmte Weiterverarbeiter (z.B. im Rohproduktebereich).

2.2 Qualitätsfunktion
Der Handel wählt aus den vorhandenen Waren das qualitativ beste Angebot aus. Durch Lagerung und bestimmte handelsübliche Manipulationen verbessert er die Qualität der Ware bis zur Verkäuflichkeit.

2.3 Sortimentsfunktion
Der Handel wählt aus den vielen Angeboten ein Sortiment, das auf seine spezielle Kundenschicht abgestimmt ist. Gründe für die Sortimentsbildung können Bedarfsorientierung, Problemorientierung, Kaufkraftorientierung oder auch Orientierung an Erlebnisbereichen sein. Breite und Tiefe des Sortiments prägen maßgeblich den Charakter eines Handelsbetriebes.

- Sortimentsbreite: Zahl der Warengruppen
- Sortimentstiefe: Zahl der Artikel und Sorten innerhalb einer Warengruppe
- Sortimentsmächtigkeit: Die Zahl der am Lager befindlichen Waren
- Sortimentsniveau: Qualität und Preisniveau der Waren

3. Vermittlerfunktion

3.1 Markterschließungsfunktion
- Geographisch
- Produktspezifisch
- Kundenspezifisch

3.2 Funktion des informatorischen Ausgleichs
Bei der Vielfalt des Warenangebots gibt der Handel seinen Kunden Informationen über die für ihn geeignete Ware. Andererseits informiert er den Hersteller über spezielle Wünsche und Verwendungsanforderungen der Kunden.

Thema 2

a) Die Prokura kann nur von einem Vollkaufmann erteilt werden. Die Erteilung der Prokura ist von dem Inhaber des Handelsgeschäfts zur Eintragung in das Handelsregister anzumelden. Der Prokurist hat die Firma nebst seiner Namensunterschrift zur Aufbewahrung beim Gericht zu zeichnen.

b) Die Prokura ermächtigt zu allen Arten von gerichtlichen und außergerichtlichen Geschäften und Rechtshandlungen, die der Betrieb irgend eines Handelsgewerbes mit sich bringt (§ 49 HGB). Der Umfang der Prokura kann Dritten gegenüber nicht beschränkt werden, wohl aber im Innenverhältnis.

c) Nicht berechtigt ist der Prokurist zur Veräußerung und Belastung von Grundstücken, es sei denn, ihm wäre diese Befugnis zusätzlich erteilt worden. Er ist ferner nicht zur Unterzeichnung der Bilanz ermächtigt.

d) Der Prokurist F kann seinem Abteilungsleiter keine Prokura erteilen. Dies kann (siehe oben) nur von einem Vollkaufmann, dem Inhaber des Handelsgeschäfts, vorgenommen werden.

Betriebswirtschaftslehre des Handels

Antwortensatz IV / Teil 1

1. Der Handelsvertreter ist ein selbständiger Kaufmann, der für einen Dritten Geschäfte abwickelt. Als Selbständiger legt er selbst den Umfang seiner Arbeit und die Arbeitszeit fest. Er kann auch weitere Personen beschäftigen. Für die von ihm getätigten Abschlüsse erhält er eine Provision. Der Auftraggeber zahlt also nur bei Erfolg. Er hat keine Fixkosten zu tragen.

2. Folgende Kriterien müssen untersucht werden:
   - Einzugsgebiet im Hinblick auf die Güter, die dort angeboten werden sollen wie kurz-, mittel- oder langfristiger Bedarf
   - Einwohnerdichte
   - Anzahl der Bedarfsträger (Personen, Haushalte, Firmen usw.)
   - Struktur der Bedarfsträger (Alter, Beruf, Haushaltsgröße usw.)
   - Verbrauchergewohnheiten

3. Gesellschaftlich-soziale Entwicklungen: Wertevorstellungen ändern sich:
   - Politisch-rechtliches Umfeld: Wirtschaftspolitik und Gesetze wirken auf das Unternehmen
   - Ökonomisches Umfeld: Wirtschaftslage und Erwartungen bestimmen Verbraucherverhalten und Investitionsbereitschaft.
   - Technologische Entwicklungen: Neue Technologien und Produkte bieten Chancen. Wer sie nicht berücksichtigt, fällt zurück.
   - Ökologisches Umfeld: Ressourcen werden knapper, die Natur kann aber auch Abfälle nur begrenzt verarbeiten, die Sensibilität der Menschen gegenüber diesem Themenkreis steigt.

4. **Standortfaktor Agglomeration:**

   Positive Effekte aus dem Faktor Konkurrenz ergeben sich dann, wenn eine Absatzagglomeration (Konzentration mehrerer Einzelhandelsunternehmen an einem Standort) vorliegt, die zu einer Erhöhung des Umsatzpotentials der Gruppe und des einzelnen Unternehmens führt. Durch die geplante räumliche Konzentration dieser Betriebe wird eine größere Auswahlbreite und Auswahltiefe erzielt, die eine besonders kundenanziehende Wirkung auslösen.

Eine absatzbedingte Agglomeration kann als branchengleiche oder auch branchenungleiche Agglomeration standortverbessernd wirken. Eine branchengleiche Agglomeration ist dann gegeben, wenn mehrere ähnlich strukturierte Einzelhandelsbetriebe auf engstem Raum konzentriert sind (wie z.B. in München „Möbel im Tal"). Branchenungleiche Agglomeration ist demgegenüber eine räumliche Konzentration von Einzelhandelsbetrieben mit unterschiedlichen Betriebsformen (so z.B. Einkaufszentren in München wie OEZ, PEP usw.). Die Konzentration branchengleicher Geschäfte erhöht jedoch auch den Konkurrenzdruck, insbesondere dann, wenn die Sortimente sich in Breite, Tiefe und Niveau allzusehr überlappen.

5.
- **Sortiment:** Tiefes Fachsortiment aus einem Warengruppenbereich, Mittleres Niveau
- **Standort:** Autoorientiert, oft Randlage
- **Bedienungsform:** SB, auf Wunsch Beratung
- **Größe der Verkaufsfläche:** Großflächig (über 700 qm), funktionelle Gestaltung
- **Serviceleistungen:** Parkplätze, weitere i.d.R. auf Wunsch (bezahlt)
- **Preis:** Niedriges bis mittleres Niveau, oft preisaggressiv

Anmerkung: Diese Übung sollten Sie auch mit anderen Betriebsformen machen!

6. **Maßnahmen:**
- Aufgabenbereiche klar abgrenzen
- Zuständigkeiten eindeutig festlegen
- Arbeitsabläufe verständlich regeln
- Informationen einfach und klar formulieren

Folgen, wenn die Maßnahmen nicht eingehalten werden:
- Verwirrung bei Mitarbeitern
- Mißverständnisse entstehen
- Regelungen werden nicht akzeptiert
- Kunden sind desorientiert

7. Das Substitutionsprinzip der Organisation bedeutet, fallweise durch generelle Regelungen zu ersetzen.

   Beispiel: Ein Kunde will eine vor kurzem erworbene Ware umtauschen, findet aber nichts Passendes in diesem Geschäft. In der Praxis finden wir hierfür in den Einzelhandelsgeschäften sehr unterschiedliche generelle Regelungen, die teils für das ganze Geschäft, teils für einzelne Artikel (z.B. preisreduzierte Ware) gelten:
   - generelle Ablehnung des Umtauschs
   - Umtauschmöglichkeiten nur nach vorheriger Vereinbarung
   - Umtausch bzw. Rücknahme der Ware nur in begründeten Ausnahmefällen
   - Umtausch jederzeit möglich, wenn sofort ein gleichwertiges Stück abgenommen wird
   - Ausgabe eines befristet oder unbefristet gültigen Gutscheins
   - Rückerstattung des Kaufpreises

8. - Eintreiben von Debitoren (z.B. Verbesserung des Mahnwesens)
   - Ausnützen von Zahlungszielen der Lieferanten
   - Aufnahme kurzfristiger Kredite bzw. Inanspruchnahme freier Kreditlinien
   - Abbau des Warenlagers

9. - Die Gewinne der Unternehmen sanken
   - Damit haben die Unternehmen immer weniger Kraft zur Selbstfinanzierung
   - Die fortschreitende Technisierung erfordert auch im Handel ein höheres Kapital
   - Gerade mittelständische Unternehmen haben seit Jahren eine zu geringe Eigenkapitalausstattung
   - Die hohe Besteuerung erschwert die Rücklagenbildung

10. - Benutzerfreundlichkeit
    - Ausbaufähigkeit
    - Interne und externe Speicherkapazitäten, Prozessorleistung
    - Kosten und Leistungen für Hardware, Einweisung, Zubehör
    - Service, Garantie

- Netzwerkfähigkeit

11.
    - Inhaltsirrtum, Erklärungsirrtum (§ 119 I BGB)
    - Irrtum über verkehrswesentliche Eigenschaften einer Person oder Sache (§ 119 II BGB)
    - Arglist (§ 123 I BGB)
    - Drohung (§ 123 I BGB)
    - Falschübermittlung durch Boten (§ 120 BGB)

12. Es handelt sich zunächst um eine Personengesellschaft, die KG, deren persönlich haftender Gesellschafter (Komplementär) jedoch eine GmbH ist, die wiederum nur mit ihrem Stammkapital haftet. Dies verringert also nach außen zwar die Haftung; andererseits schmälert es den Goodwill bei Banken und Kreditgebern.

Antwortensatz IV / Teil 2

Thema 1

Sortimentsgroßhandel: Sortiment breit, flach, hauptsächlich Konsumgüter für den EH. Oftmals ein bedarfsorientiertes Sortiment wie z.B. Textilwaren

Spezialgroßhandel: Oft Produktionsverbindungshandel, Sortiment schmalund tief, meist wird nur eine Branche beliefert

Zustellgroßhandel: Zustellung, Wegfall vonm Lagerkosten, da Zielkäufe möglich, z.B. Arznei GH

Abholgroßhandel: Kunde stellt Ware selbst zusammen und holt sie ab, er bezahlt bar. Breites Sortiment von Food und Nonfood, Niedrigpreise, da relativ niedrige Kosten.

Tendenzen: Auch zukünftig Ausschaltungstendenzen, teilweise werden Funktionen durch die Industrie übernommen. Auch Logistikbetriebe haben GH-Funktionen übernommen. Mit einer weiteren Konzentration ist zu rechnen. Großhändler werden weiter zu Einzelhändlern mutieren, so wie neue Großhandelsbereiche entstehen werden. Verstärkte Serviceorientierung.

Thema 2

a) **Zweck der Stellenbeschreibung**

Die Stellenbeschreibung ist die verbindliche schriftliche Festlegung der Merkmale der Stelle und ihrer Eingliederung in die Gesamtorganisation des Betriebes. Sie beschreibt im einzelnen die im Organisationsplan nur hinsichtlich der hierarchischen Einordnung oder auch der Stellvertretung dargestellte Stelle sowie die im Funktionsdiagramm vorgenommene Aufgabengliederung. Stellenbeschreibung, Organisationsplan und Funktionsdiagramm bilden zusammen die Beschreibung der betrieblichen Aufbauorganisation.

Gleichzeitig ist die Stellenbeschreibung ein wichtiges Führungsmittel, ohne die eine Delegation von Aufgaben, Kompetenzen und Verantwortung nicht möglich ist. Die Betrachtung darf deshalb nicht einseitig unter organisatorischen, sondern muß gleichzeitig unter Führungsgesichtspunkten erfolgen.

b) **Die Stellenbeschreibung bietet folgende Vorteile:**

- Vermeidung von Doppelarbeit
- Offenlegung der nicht übertragenen Aufgaben
- Vermeidung von Konflikten zwischen den Mitarbeitern
- Vermeidung der stillschweigenden Ausdehnung der Kompetenzbereiche
- Vermeidung der Abschiebung unbeliebter Aufgaben
- Schutz vor willkürlichen Eingriffen von seiten des Vorgesetzten
- bessere Informationsmöglichkeit für den Vorgesetzten über die Tätigkeit seiner Mitarbeiter
- Basis für eine sachliche Kontrolle des Stelleninhabers
- klare Festlegung der Kriterien für eine Stellenbesetzung
- sachliche Kriterien für die Beurteilung des Mitarbeiters
- Verbesserung der Selbsteinschätzung des Mitarbeiters

c) **Inhalt der Stellenbeschreibung**

- Stellenbezeichnung
- Über- / Unterstellungsverhältnisse
- Einordnung der Stelle
- Angaben zur Gehaltsstufe

- Ziel der Stelle
- Aufgaben
- Kompetenzen
- Stellvertretung
- Zusammenarbeit
- Anforderungen
- besondere Festlegungen

Beschaffung und Lagerhaltung

Antwortensatz I / Teil 1

1. Die Beschaffungskosten sinken mit wachsender Bestellmenge. Die Lagerhaltungskosten, das sind insbesondere die Kosten des Kapitaleinsatzes, des Lagerraums, des Personals, die Gemeinkosten und die Abschriften für Schwund und Verderb steigen mit wachsender Bestellmenge.

   Die optimale Bestellmenge ist dann erreicht, wenn die Gesamtkosten pro Stück, d.h. die Summe der Beschaffungskosten und der Kosten der Lagerhaltung pro Stück, ein Minimum erreichen.

2. Indirekte Beschaffung bedeutet eine Beschaffung über den Großhandel, nicht direkt vom Hersteller. Vorteile hierfür sind:
   - Auch Kleinaufträge werden erledigt.
   - Sortimentsvorauswahl durch den Großhändler wirkt der Sortimentsexplosion entgegen.
   - Der Einzelhandel kann ein relativ geringes Lager halten, weil er auf das Lager des Großhandels zurückgreifen kann.
   - Der Großhandel liefert dem Einzelhändler Informationen.
   - Der Großhändler überbrückt den Raum.
   - Der Großhändler kann rasch nachliefern; es treten keine Engpässe im Verkaufsfluß des Einzelhandels auf.
   - Der Großhändler valutiert den Einkauf.

   Anmerkung:
   Sie können die Frage natürlich auch mit der Darstellung der Handelsfunktionen beantworten. Denn die obengenannten Leistungen stellen praktisch die Handelsfunktionen dar.

3. a) Laufende Lagerkontrolle (permanente Inventur) ist die Fortschreibung der Lagerkartei / Lagerdatei, in der jeder Zu- und Abgang sofort verrechnet wird, so daß der verfügbare Lagerbestand jederzeit ersichtlich ist. Eine körperliche Bestandsaufnahme erfolgt regelmäßig einmal auf das Jahr verteilt. Im Idealfall erfolgt die laufende Lagerkontrolle durch ein geschlossenes Warenwirtschaftssystem mit Einsatz von EDV.

b) Periodische Lagerkontrolle bedeutet eine körperliche Bestandsaufnahme für Zwecke der Inventur und / oder zur Abstimmung mit der kurzfristigen Erfolgsrechnung je nach Bedarf in größeren Abständen, mindestens einmal jährlich.

c) Außerordentliche Lagerkontrolle ist erforderlich bei Neugründung, Geschäftsübernahmen, Zusammenschlüssen, Auflösungen oder auch vor Räumungsverkäufen.

4. Bedarfsmenge ist die Menge an Handelswaren, die innerhalb eines bestimmten Zeitraums verkauft wird. Der Bedarf wird anhand des Absatzplans im voraus geschätzt.

Die Beschaffungsmenge ist diejenige Menge von Waren, die dem Verkauf unter Beachtung der geplanten Lagerbestandsveränderungen zur Verfügung gestellt wird.

Die Bestellmenge ist derjenige Teil der Beschaffungsmenge, der zu einem bestimmten Zeitpunkt tatsächlich bei anderen Unternehmen bestellt wird.

5. Sporadische Absatzverläufe. Da keine Vergangenheitswerte bestehen, lassen sich auch keine Prognosen aufstellen. Die Nachfrage kann hochschnellen und läßt genauso schnell wieder nach.

Beispiele: Dino-Produkte, Tamagotchis usw.

6.
- Durchschnittlicher Lagerbestand = $\dfrac{\text{Anfangsbestand} + \text{Endbestand}}{2}$

  oder besser: $\dfrac{\text{Anfangsbestand} + 11\,\text{Monatsendbestände} + \text{Endbestand}}{13}$

- Sicherheitsbestand = Durchschnittlicher Verbrauch pro Tag · Beschaffungstage · Lieferbereitschaftsgrad (Prozent)

- Meldebestand = Durchschnittlicher Verbrauch pro Tag · Beschaffungstage + Sicherheitsbestand

- Lagerumschlag = $\dfrac{\text{Wareneinsatz}}{\text{durchschnittlicher Lagerbestand}}$

- Lagerdauer $= \dfrac{360}{\text{Lagerumschlag}}$

7. Das Handelsunternehmen stellt dem Lieferanten kostenlos Lagerraum zur Verfügung und verpflichtet sich, die Waren mit der üblichen Sorgfalt zu lagern. Erst mit der Entnahme aus diesem Lagerbestand kommt ein Kaufvertrag zustande. Die Konditionen hierfür wurden vorher vereinbart. Das Handelsunternehmen meldet seinem Lieferanten die entnommenen Waren z.B. in einer Monatsabrechnung. Danach wird die Ware in Rechnung gestellt und zur Zahlung fällig.

8. Folgende Faktoren beeinflussen die Lagerdimension:
   - Struktur des Betriebes (Art und Zusammensetzung des Sortiments, Kapitalausstattung, Betriebsgröße, Betriebsform)
   - Absatzmarkt: Konjunkturelle und saisonale Nachfrageschwankungen; Änderung der Konsumentenansprüche
   - Beschaffungsmarkt: Vielfalt der Produkte, Bezugsbedingungen (Rabatte, Mindestabnahme, Mindermengenzuschläge, Lieferfristen, Zahlungsbedingungen)
   - Wirtschaftspolitische Maßnahmen: Geld- und Währungspolitik, Steuerpolitik, Außenhandelspolitik
   - Spekulation (konjunkturell, politisch)

9. Ansprüche eines Kaufmanns gegen seine Kunden, egal, ob gewerblich oder privat, verjähren in 3 Jahren, beginnend am Schluß des Kalenderjahres, in dem sie entstanden sind.

   In diesem Falle verjährt also seine Kaufpreisforderung am 31.12.2005.

10. a) Mit dem Eigentumsvorbehalt kann der Verkäufer sicherstellen, daß der Kunde nicht Eigentümer der Sache wird.

    b) Verarbeitung, Einbau in ein Grundstück, Vermischung und Weiterveräußerung

11. Da der Zahlungstermin terminlich fixiert war, geriet T bereits am 2.5. in Verzug. H hat gegen T einen Anspruch auf Ersatz der Mahn- und Anwaltskosten.

12. Die Steuerschuld entsteht mit Ablauf des Voranmeldezeitraums, in dem die Leistungen ausgeführt worden sind. Es kommt also nicht darauf an, daß das vereinbarte Entgelt auch tatsächlich schon vereinnahmt worden ist.

Antwortensatz I / Teil 2

<u>Thema 1</u>

(1) **Ermittlung des Freien Limits:**

1. Schritt: Berechnung des Planumsatzes:

	4.000.000 EUR
+ 4 %	160.000 EUR
	4.160.000 EUR

2. Schritt: Ermittlung des Bruttolimits (geplanter Wareneinsatz):

Planumsatz	4.160.000 EUR
- geplante Handelsspanne	1.497.600 EUR
= Bruttolimit (=gepl. Wareneinsatz)	2.662.400 EUR

3. Schritt: Ermittlung des Nettolimits:
geplanter durchschnittlicher Lagerbestand (LB)

$$= \frac{\text{geplanter Wareneinsatz}}{\text{geplanter Lagerumschlag}} = \frac{2.662.400\,\text{DM}}{4} = 665.600\,\text{EUR}$$

Ermittlung von Lageranbau oder Lagerabbau durch Vergleich von Soll-Lagerbestand (= gepl. Endbestand) und Anfangsbestand:

Soll-Lagerbestand	665.600 EUR
Anfangsbestand 700.000	EUR
= Lagerabbau	34.400 EUR

Berechnung des Nettolimits:

Bruttolimit	2.662.400 EUR
- Lagerabbau	34.400 EUR
= Nettolimit	2.628.000 EUR

4. Schritt: Ermittlung des Freien Limits:

Nettolimit	2.628.000 EUR
- Limitreserve 20 %	525.600 EUR
= Freies Limit	<u>2.102.400 EUR</u>

Das Freie Limit beträgt somit 2.102.400 EUR.

(2) **Limitkontrolle:**

Bei der Limitkontrolle geht es darum, daß für den Wareneinsatz nicht mehr ausgegeben wird, als in der Planung vorgesehen ist. Eventuell notwendig gewordene Planungsänderungen aufgrund z.B. von Umsatzsteigerungen gegenüber dem Planumsatz müssen berücksichtigt werden. Durch diesen fortlaufenden Soll-Ist-Vergleich werden Limitkorrekturen erkennbar, die in die neue Limitplanung eingehen müssen.

(3) **Abweichender Lagerendbestand:**

Es wurde mehr Ware benötigt: Der Wareneinsatz ist um 50.000 EUR höher als der Plan-WE. Dieser hätte nur 65% des erreichten Umsatzes von 4.040.000 EUR betragen dürfen, also 2.585.600 EUR. Tatsächlich betrug der WE aber 2.635.600 EUR.

Die erreichte Handelsspanne kann folgendermaßen errechnet werden:

1.454.400 EUR   wären die geplante Spanne (36%) aus dem Umsatz von 4.040.000 EUR.

1.404.400 EUR   d.h. 50.000 EUR niedriger ist die tatsächliche Spanne - die Differenz zwischen Umsatz und Wareneinsatz

Der Dreisatz lautet also:
1.454.400 EUR = 36 %
1.404.400 EUR = x %

$$x = \frac{1.404.400 \cdot 36\%}{1.454.400} = 34,76\%$$

Die tatsächliche Handelsspanne beträgt somit rund 34,76 %. Die geplante Handelsspanne wurde also nicht erreicht.

Thema 2

(1) M muß tatsächlich zahlen. Der Kauf von Kaffee ist von der Vertretungsmacht der Prokura gedeckt. Denn der Prokurist E besitzt die Vollmacht zu allen Geschäften **irgendeines** Handelsgewerbes.

Die Einschränkung der Vertretungsmacht nach innen ist einem Dritten gegenüber unwirksam. Gegebenenfalls kann M jedoch seinen Prokuristen schadenersatzpflichtig machen.

(2) In diesem Falle muß Metzger nicht zahlen. Denn die Haarpflege gehört nicht zum Geschäft des Handelsgewerbes. Es ist eine rein private Angelegenheit.

(3) G kann beide Forderungen gemeinsam vor dem Landgericht geltend machen. Dort besteht Anwaltszwang, so daß er sich nicht selbst vertreten kann.

Beschaffung und Lagerhaltung

Antwortensatz II / Teil 1

1.
			Betriebsvergleich:
a) Lagerdauer	$= \dfrac{360}{4}$	$= 90$ Tage	60 Tage
b) Kapitalbedarf	$= \dfrac{3.600.000}{4}$	$= 900.000$ EUR	600.000 EUR

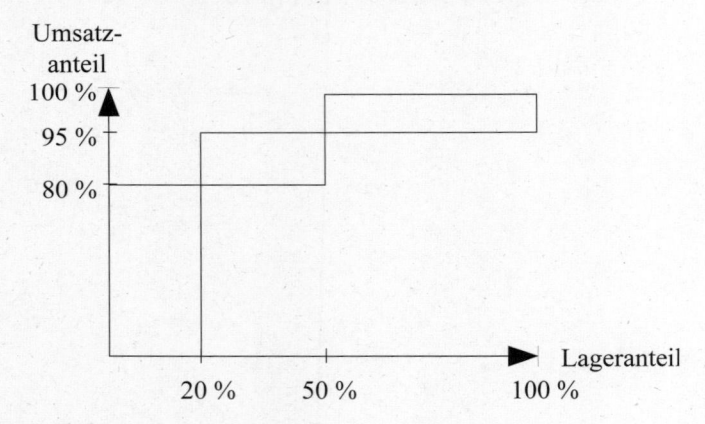

2. 80 % vom Umsatz wird durch 20 % des Lagers erzielt
   15 % vom Umsatz wird durch 30 % des Lagers erzielt
   5 % vom Umsatz wird durch 50 % des Lagers erzielt

3. Beim Kauf auf Abruf werden der Lieferpreis und die gesamte abzunehmende Menge für die Laufzeit des Vertrages verbindlich von beiden Partnern festgelegt. Im Rahmen dieser Menge kann der Käufer die jeweiligen Teilmengen und Lieferzeitpunkte per Abruf bestimmen. Der Kauf auf Abruf bietet dem Käufer die folgenden Vorteile:

   - Er erreicht durch die große Bestellmenge einen günstigen Kaufpreis.
   - Er hat seine Warenversorgung für den gesamten Zeitraum gesichert.
   - Er bindet weniger Kapital im Warenlager und spart damit Kosten; außerdem wird seine Liquidität weniger stark in Anspruch genommen.

4. Für eine **zentrale Lagerhaltung** sprechen folgende Gründe:

   - Die Raumkosten eines großen Zentrallagers sind meist niedriger als diejenigen mehrerer kleinerer dezentraler Läger.
   - Der Sicherheitsbestand kann niedriger sein als die Summe aller Sicherheitsbestände bei dezentraler Lagerhaltung. Damit ergibt sich eine niedrigere Kapitalbindung und niedrigere Zinskosten.
   - Vorhandene Lagerkapazitäten werden besser genutzt. Es brauchen nicht überall Reserven vorgehalten zu werden.
   - Lagerkontrollen wie Bestands-, Wareneingangs- und Warenausgangskontrollen sind leichter durchzuführen - sie fallen nur an einer Stelle an.

   Dem stehen folgende Gründe für eine **dezentrale Lagerhaltung** gegenüber:

   - Hohe Transportkosten zu den jeweiligen Filialstandorten können die Kostenvorteile einer zentralen Lagerhaltung aufheben.
   - Das Unternehmen kann bezogen auf die einzelnen Standorte bzw. Regionen marktgerechter die Ware disponieren und sich kurzfristig flexibler an Nachfrageschwankungen anpassen.

5. Limitreserven sind notwendig, um noch Mittel für Nachdispositionen oder Sonderaktionen zur Verfügung zu haben. Würde das Nettolimit gleich in voller Höhe freigegeben werden, so stünden für diese Zwecke keine Mittel mehr zur Verfügung. Dies würde demgemäß auch die Finanzplanung berühren; im übrigen wäre der Soll-Lagerumschlag gefährdet.

   Die Limitreserven sind in ihrer Höhe abhängig von der Branche, dem Sortiment, der Saison, Modetrends, Produktinnovationshäufigkeit usw.

6. Es wird weniger Kapital gebunden und somit auch weniger Liquidität beansprucht. Die geringere Kapitalbindung bedeutet auch geringere Zinskosten. Auch die Kosten für den Lagerraum sinken. Die Risiken hinsichtlich Schwund oder Verderb werden geringer. Schließlich werden auch die Risiken wie Preisverfall oder Wertminderung aufgrund von Modewechsel oder Produktänderungen geringer.

7. Die Artikel müssen exakt nach Art.-Nr., Erfassungsnummer, internen Bezeichnungen oder ihrer Zuordnung nach Warengruppen definiert werden.

Eine exakte Bestandsführung und Fortschreibung der Bestände der einzelnen Artikel sowie Informationen über Bestände in Gegenwart und Vergangenheit sind sicherzustellen. Alle Warenbewegungen sind artikelgenau, lückenlos und aktuell mengen- und wertmäßig aufzuzeichnen.

8. • **Kontakte mit Lieferanten**: Vor allem die Anfragen bei Lieferanten bieten durch ihre Streuung die Möglichkeit einer großen Informationsbreite. Solche Anfrageaktionen sollten unabhängig vom konkreten Bedarfsfall durchgeführt werden.

   • **Besuch von Messen, Ausstellungen usw.**: Diese bieten eine Fülle von Informationen über technische Entwicklungen, Preise und Qualität der Waren. Sollen solche Besuche erfolgreich sein, so müssen sie gründlich vorbereitet werden, um gezielt die interessierenden Stände anzulaufen.

   • **Einkaufsreisen und Betriebsbesichtigungen**: Aus ihnen lassen sich Rückschlüsse auf die Lieferfähigkeit, das Leistungsvermögen und auch bestimmte Persönlichkeitsmerkmale der potentiellen Lieferanten ziehen.

   • **Einholung von Informationen** durch Auskunfteien, von Banken, Verbänden oder Kammern.

9. Grundsätzlich ja! Lag jedoch der Irrtum des Anbieters in der Erklärungshandlung, so könnte er den Vertrag anfechten. Dies müßte dann unverzüglich erfolgen. Hieraus könnten sich jedoch gegen den Anbieter Schadensersatzforderungen ergeben, z.B. wenn Sie dafür ein einmaliges Angebot eines Mitbewerbers ausgeschlagen haben.

10. Da ein nach dem Kalender bestimmter Liefertermin nicht vereinbart wurde, muß B zunächst mahnen. Die Mahnung ist eine eindeutige Aufforderung zur unverzüglichen Leistung. Sie sollte grundsätzlich schriftlich erfolgen. Liefert die Fabrik nach Erhalt dieser Mahnung nicht, gerät sie in Verzug, da ihre Lieferverpflichtung fällig ist und sie die Lieferverzögerung offensichtlich zu vertreten hat.

    Um vom Vertrag zurücktreten zu können, muß B nun gemäß § 326 BGB vorgehen und der Firma X eine angemessene Frist (z.B. 2 Wochen) zur Auslieferung der Schuhe setzen mit der Erklärung, daß er die Schuhe nach

Ablauf der Frist nicht mehr abnehmen werde. Liefert X dann immer noch nicht, ist B zum Rücktritt vom Vertrag berechtigt.

11. Die Verpflichtung zur Zahlung trifft nur den Vertragspartner, also den Käufer. Durch die Zustimmung zum Kaufvertrag sind die Eltern nicht Vertragspartner geworden. Deshalb müssen sie auch nicht zahlen.

12. Da die Rechnung insgesamt unter 110 EUR liegt, genügen
    - Name und Anschrift des Lieferers
    - Menge und handelsübliche Bezeichnung der Ware
    - Entgelt und Steuer <u>in einem Betrag</u>
    - Angabe des Steuersatzes (z.B. Stempel „USt. 16%")

Antwortensatz II / Teil 2

Thema 1

Die Festlegung der Bestellmenge wird beeinflußt von den folgenden Kostenfaktoren:

Beschaffungskosten:
Die Beschaffungskosten umfassen alle bestellmengenabhängigen Kosten und führen über den Angebotspreis, Zieleinkaufspreis, Bareinkaufspreis zum Einstandspreis pro Mengeneinheit. Grundsätzlich gilt, daß die Beschaffungskosten kontinuierlich sinken mit Erhöhung der Bestellmenge - natürlich nur bis zu einer vom Anbieter zu vertretenden Preisgrenze.

Bestellkosten:
Die Bestellkosten umfassen alle Kosten von der Einkaufsvorbereitung bis zur Einkaufsabwicklung und -kontrolle. Die Höhe der Bestellkosten ist unabhängig von der jeweils bestellten Menge.

Lagerhaltungskosten:
Sie setzen sich zusammen aus:

- *Kapitalbindungskosten*, die den größten Teil der Lagerhaltungskosten bilden. Bestimmend für ihre Höhe ist der Wert der Ware und die Dauer der Kapitalbindung.

- *Kosten des Warenrisikos* durch qualitative und quantitative Wertminderung, durch Verderb, Schwund, Diebstahl oder Preisverfall am Beschaffungsmarkt.

- *Kosten der Warenunterbringung* wie Miete, Abschreibung, Instandhaltung, Energie, Versicherungen usw. Diese Lagerraumkosten verhalten sich nicht proportional zur Menge der gelagerten Ware, sondern fallen unabhängig vom Wert der gelagerten Ware an.

- *Kosten der Warenmanipulation* wie abladen, einlagern, sortieren, kontrollieren und umschichten der Ware. Diese Kosten sind in der Regel mengen- und zeitabhängig.

- *Verwaltungskosten* wie Kosten der Lagerbuchführung, Inventuren. Auch diese Kosten sind zum größten Teil mengen- und zeitabhängig.

Die Lagerhaltungskosten wachsen mit dem Wert der gelagerten Ware. Deshalb müssen bei einer Entscheidung über die Höhe der jeweiligen Bestellmenge immer zwei gegenläufige Kostenüberlegungen einbezogen werden:

- Je höher die Bestellmenge, desto niedriger die Beschaffungskosten pro Mengeneinheit.
- Je höher die Bestellmenge, desto höher die Lagerhaltungskosten.

Thema 2

(1) Der Verkäufer hat die Eigenschaft zugesichert, daß beide Anlagen kompatibel sind. K kann deshalb Schadensersatz verlangen. ABC muß die Kosten in Höhe von 12.000 EUR tragen.

(2) Das BGB sieht dann, wenn eine Ware mangelhaft ist, grundsätzlich keine Nachbesserung vor. K muß also mit einer Nachbesserung nicht einverstanden sein. Er wäre nur dann dazu verpflichtet, wenn dies ausdrücklich, auch in Form von allgemeinen Geschäftsbedingungen, vereinbart gewesen wäre, oder wenn ein Werkvertrag vorliegen würde. Dies ist aber hier nicht der Fall.

Folglich steht K, da die Ware mangelhaft ist, neben dem Recht auf Wandelung auch das Recht auf Ersatzlieferung zu. Dies hat für ihn den Vorteil, daß er keinen Nutzungsausfall hinnehmen muß. Dieses Recht auf Ersatzlieferung ist auch nicht durch die Veränderung, die K an den Geräten hat vornehmen lassen, ausgeschlossen. Denn als Eigentümer kann er mit seiner Ware verfahren wie er will. Nur dann, wenn durch die Bohrungen der Mangel an der Ware entstanden wäre, hätte K keinen Anspruch auf Ersatzlieferung.

(3) Der Verkäufer ABC haftet nur dafür, daß die Ware zum Zeitpunkt der Übergabe keinen Mangel aufweist. Für den sogenannten Folgeschaden haftet er nur, wenn er bestimmte Eigenschaften zugesichert hat. Dies aber war hier nicht der Fall.

(4) K muß die ABC GmbH in Frankfurt verklagen, da sich dort der Wohnsitz des Schuldners befindet. Zuständig ist das Landgericht, da der Streitwert über 5.000 EUR liegt.

Beschaffung und Lagerhaltung

Antwortensatz III / Teil 1

1. Nach § 38, Abs. 3 HGB läßt der Gesetzgeber auch die permanente Inventur zu, bei der die Bestände nach Menge und Wert ohne körperliche Bestandsaufnahme durch Fortschreibung der Lagerkartei zum Bilanzstichtag festgestellt werden. Eine körperliche Bestandsaufnahme muß jedoch auf das Jahr verteilt einmal erfolgen. Dies wird sinnvollerweise bei niedrigen Beständen oder in weniger arbeitsintensiven Zeiten erfolgen. Je nach Wert der Artikel und der Diebstahlsgefahr kann eine mehrmalige Überprüfung empfehlenswert sein.

2. **Für eine kooperative Beschaffung sprechen:**

   - günstigere Einkaufspreise und Konditionen
   - Bildung einer starken Gegenmacht gegen die Marktposition der Lieferanten
   - bessere Übersichtsmöglichkeiten am Beschaffungsmarkt
   - Beratung bei der Sortimentspolitik durch die Kooperation
   - Finanzierungsvorteile
   - bessere Handelsspannen durch Handelsmarken
   - eventuell Hilfe bei der Verkaufsförderung durch die Kooperation

   Nachteile:

   - Bindung an ein starres Sortiment
   - längerfristige Disposition ist notwendig
   - geringere eigene Flexibilität in der Beschaffung durch vertragliche Bindungen
   - Der Unternehmer gibt einen Teil seiner unternehmerischen Freiheit auf.
   - Die Kooperationspartner sind möglicherweise in wesentlichen Merkmalen (Sortiment, Größe, Standort usw.) nicht vergleichbar; das Sortiment „stimmt" dann nicht unbedingt für das eigene Unternehmen.

3. Mit der Länge der Lieferzeit wächst in der Regel das Beschaffungsrisiko. Dies führt zu höheren Sicherheitsbeständen, Lagerhaltungskosten und Lagerrisiko. Daneben ist auch die Einhaltung von zugesagten Terminen von

Bedeutung. Die Bereitschaft des Lieferanten, sich zur Übernahme von Konventionalstrafen zu verpflichten, kann ein Indiz für seine Zuverlässigkeit sein.

4. **Vorteile großer Bestellmengen:**

- fixe Bestellkosten je Stück sinken
- günstige Preise durch entsprechende Mengenstaffel
- größere Liefersicherheit
- günstigere Zahlungs- und Lieferbedingungen
- Man vermeidet Preissteigerungen.

Nachteile:

- Kosten für die Lagerung der Ware steigen (es sei denn, es würden Abrufaufträge erteilt werden)
- höheres Preisrisiko (die Ware kann z.B. einem Preisverfall unterliegen)
- höheres Lagerrisiko (z.B. technischer Fortschritt, Schwund)
- geringere Beweglichkeit bei Veränderungen auf Beschaffungs- und Absatzmärkten
- höhere Verbindlichkeiten, damit höhere Anforderungen an die Liquidität

5. Beispiel für eine manuell kontrollierte Lagerordnung: Jeder Artikel erhält mit seiner Artikelnummer einen fixen Lagerplatz. Neuankommende Artikel werden auf dem fest zugewiesenen Lagerplatz eingelagert. Der Vorteil: Anhand des Lagerplans können Wareneingang und Warenausgang relativ einfach kontrolliert werden. Ein gravierender Nachteil: Die vorhandenen Lagerkapazitäten werden meist unzulänglich ausgelastet.

Beispiel für EDV-gesteuerte Lagersysteme („Chaotische Lagerhaltung"): Bei der Steuerung und Überwachung des Lagers durch Computer wird die ankommende Ware auf beliebigen freien Plätzen gelagert. Mit Hilfe der EDV ist es problemlos, den Lagerplatz später wieder zu identifizieren. Mit Hochregallägern und Rotationslägern können die Lagerkosten relativ niedrig gehalten werden. Diese Lagersysteme ermöglichen die optimale Nutzung vorhandener Lagerkapazitäten und einen äußerst rationellen Personaleinsatz.

6. Umsatz - Handelsspanne = Wareneinsatz

   → 480.000 - (480.000 · 40 %) = 288.000

   $$\text{Durchschnittl. Lagerbestand} = \frac{\text{Wareneinsatz}}{\text{Lagerumschlag}} = \frac{288.000}{4} = 72.000 \text{ EUR}$$

   $$\text{Durchschnittliche Lagerdauer} = \frac{360}{\text{Lagerumschlag}} = \frac{360}{4} = 90 \text{ Tage}$$

   Kapitaleinsatz = Durchschnittlicher Lagerbestand = 72.000 EUR

7. - Umsatz des Vorjahres, angestrebte Veränderung
   - Handelsspanne des Vorjahres, angestrebte Veränderung
   - Lagerumschlag des Vorjahres, angestrebte Veränderung
   - Anfangslagerbestand des laufenden Jahres

8. Nein, er lohnt sich sicherlich nicht.

   Finanzierung für 40 Tage: $\frac{360}{40} = 9$

   3 % · 9 = <u>27 % Jahreszins</u>. Da ist jeder Kontokorrentkredit niedriger!

9. Der Bürge haftet bei einer Ausfallbürgschaft nur, wenn der Hauptschuldner ausfällt. Zwischen Nichtkaufleuten bedarf sie der Schriftform. Bei der selbstschuldnerischen Bürgschaft haftet der Bürge sofort und unmittelbar. Er verzichtet auf die Einrede der Vorausklage. Die selbstschuldnerische Bürgschaft ist deshalb sehr gefährlich.

10. Ja, die Vertretungsmacht ergibt sich aus dem Brief. Gustav hat zwar seine Geschäftsführungsmacht verletzt; im Verhältnis zum B ist dies aber ohne Bedeutung.

11. Der Pachtvertrag wird durch den Verkauf nicht beeinflußt. B kann weiter Kies entnehmen.

12. - Lieferungen und sonstige Leistungen, die ein Unternehmer im Erhebungsgebiet gegen Entgelt im Rahmen des Unternehmens ausführt
    - Der Eigenverbrauch
    - Die Einfuhr von Waren und Dienstleistungen

Antwortensatz III / Teil 2

Thema 1

a) **Lifo-Methode:**
Last in - first out, d.h. die zuletzt beschafften Gegenstände gelten als zuerst abgesetzt. Bei steigender Tendenz der Beschaffungspreise liegt der Ansatz des Schlußbestandes unter dem der Anschaffungskosten (Einstandspreise) am Bilanzstichtag. Der ausgewiesene Gewinn ist daher bei steigenden Preisen niedriger als bei der Durchschnittsbewertung.

Fifo-Methode:
First in - first out, d.h. es wird unterstellt, daß die zuerst beschafften Waren auch zuerst veräußert werden. Dadurch werden die letzten Einstandspreise für die Bewertung des Schlußbestandes zugrunde gelegt. Bei steigender Tendenz der Preise wird also ein erhöhter Gewinn ausgewiesen.

Hifo-Methode:
Highest in - first out, d.h. es wird unterstellt, daß die Waren mit den höchsten Einstandspreisen zuerst veräußert worden sind. Der Schlußbestand wird also mit den niedrigsten Preisen der Periode bewertet. Der ausgewiesene Gewinn ist daher bei steigenden Einstandspreisen niedriger als bei der Durchschnittsbewertung (und der Lifo-Methode).

b)

Anfangsbestand	10.000 Zentner
+ Zugänge	30.000 Zentner
	40.000 Zentner
- Endbestand	10.000 Zentner
Verbrauch	30.000 Zentner

Bewertung des Lagerbestands bei unterschiedlichen Bewertungsverfahren:

Bewertungsverfahren	Fifo EUR	Lifo EUR	Hifo EUR	∅ EUR
Bestand 30.000 1. Zugang 35.000 2. Zugang 29.000 3. Zugang 40.000	30.000 35.000 29.000	35.000 29.000 40.000	30.000 35.000 40.000	
Bestand und Zugänge - Verbrauch	134.000 94.000	134.000 104.000	134.000 105.000	134.000 100.500
= Endbestand	40.000	30.000	29.000	33.500

Thema 2

a) Ein Vertrag kann angefochten werden wegen Irrtums, wobei allerdings nur Erklärungsirrtum (z.B. der bekannte Fall des Verschreibens), Inhaltsirrtum (man wollte etwas ganz anderes zum Ausdruck bringen) oder Irrtum über eine Eigenschaft rechtlich relevant sind. Außerdem kann er angefochten werden wegen falscher Übermittlung. Schließlich kann er wegen arglistiger Täuschung oder wegen widerrechtlicher Drohung angefochten werden.

b) In einer ganzen Reihe von Fällen können Verträge nichtig sein:
- Wenn die Geschäftsfähigkeit fehlt:
  - Kinder sind bis zur Vollendung des 7. Lebensjahres geschäftsunfähig.
  - Personen, die sich in einem, die freie Willensbildung ausschließenden, Zustand krankhafter Störung der Geistestätigkeit befinden, sofern dieser Zustand nicht nur vorübergehender Natur ist, sind ebenfalls geschäftsunfähig.
- Wenn zwingende Formvorschriften nicht eingehalten wurden:
  Bestimmte Verträge bedürfen der Schriftform, manche sogar der notariellen Beurkundung (z.B. Kauf von Grundstücken).

- Wenn Verträge gegen ein gesetzliches Verbot verstoßen:
  Wenn Verträge gegen die guten Sitten verstoßen z.B. Wuchergeschäfte, Knebelungsgeschäfte oder bestimmte Verträge im Rotlichtmilieu...(!)
- Scherzgeschäfte:
  Geschäfte, bei denen eine Willenserklärung abgegeben wird, die bei verständiger Würdigung nicht als ernsthaftes Angebot aufgefaßt werden kann.
- Scheingeschäfte:
  Ein Scheingeschäft liegt vor, wenn die Parteien nach außen etwas ganz anderes erklären und zuweilen auch beurkunden, als sie tatsächlich wollen.
- Wenn die Leistung (von Anfang an) unmöglich erbracht werden kann („Ich verkaufe Dir den Mond").

c) Schließlich gibt es im **privaten** Bereich auch gewisse Möglichkeiten, eine Erklärung widerrufen zu können:
- bei Ratenzahlungsverträgen innerhalb einer Woche nach Unterzeichnung des Vertrages
- bei Haustürgeschäften ebenso
- bei Fernabsatzgeschäften innerhalb von 14 Tagen, beginnend nach der korrekten Belehrung über das Widerspruchsrecht.

Diese Möglichkeiten, die eigene Erklärung zu widerrufen, gibt es jedoch nicht unter Kaufleuten!

Beschaffung und Lagerhaltung

Antwortensatz IV / Teil 1

1. **Marktanalyse:**
   Sie zielt auf die einmalige Durchleuchtung eines bestimmten Marktes zu einem bestimmten Zeitpunkt ab. Sie ist demnach eine Zeitpunktbetrachtung aller für den Beschaffungsmarkt relevanten Faktoren.

   Marktbeobachtung:
   Sie übernimmt die ständige Überwachung des Beschaffungsmarktes, um die Veränderungen und Entwicklungen im Zeitablauf sichtbar zu machen. Es handelt sich hierbei um eine Zeitraumbetrachtung.

   Marktprognose:
   Die Informationen der Marktanalyse und der Marktbeobachtung finden ihren Niederschlag in der Marktprognose, die zu ermitteln versucht, wie die Beschaffungsmarktsituation der Zukunft sein wird.

2. **Einzelbewertung:**
   Die einzelnen Artikel werden für sich bewertet; der Schlußbestand wird dann durch Addition der Einzelwerte ermittelt.

   Durchschnittsbewertung:
   Aus dem Anfangsbestand und den Zugängen wird ein gewogener Durchschnittspreis pro Mengeneinheit ermittelt, der mit dem Schlußbestand multipliziert wird.

   Verbrauchsfolgebewertung:
   Bei der **Lifo**-Methode wird der Schlußbestand mit den Einkaufspreisen der Jahres-Anfangslieferungen bewertet. Bei der **Fifo**-Methode wird der Schlußbestand mit den Einkaufspreisen der letzten Lieferung/-en bewertet. Bei der **Hifo**-Methode wird der Schlußbestand mit den niedrigsten Einkaufspreisen des Wirtschaftsjahres bewertet.

   Wirtschaftsgüter sind höchstens mit den Anschaffungs- oder Herstellungskosten, gegebenenfalls vermindert um die AfA anzusetzen, auch dann, wenn der tatsächliche Wert höher ist. Liegt der tatsächliche Wert unter dem aus Anschaffungs/Herstellungskosten und Abschreibungen berechneten

Wert, so ist der niedrigere Teilwert anzusetzen. Denn: Drohende Verluste sind auszuweisen!

3.
- Qualität
- Einstandspreis pro Mengeneinheit
- Lieferzeit
- Liefer- und Zahlungsbedingungen
- Standort des Lieferanten
- Gewährleistungsumfang
- besondere Serviceleistungen oder Merchandising-Maßnahmen
- Exklusiv-Vertriebsrechte oder Gebietsschutz
- Möglichkeit für Gegengeschäfte
- evtl. Konzernbindung

4. Kostensenkungen lassen sich auf folgendem Wege erreichen:
   - indem der Warenfluß entlang der Logistikkette übergreifend abgestimmt wird
   - durch Einbeziehung der Logistik-Aspekte in die Lieferantenauswahl, die Produktpolitik oder die Auswahl der eingesetzten Subunternehmer
   - durch Funktionsausgliederung an Dritte (Speditionen, Kunden, Lieferanten usw.)
   - durch Rationalisierung der internen Logistik

5. Transportverpackungen sind Verpackungen, die die Ware auf dem Weg zum Handel schützen. Der Einzelhändler kann sie an seinen Lieferanten zurückgeben oder in seinem Auftrag entsorgen.

   Umverpackungen sind zusätzliche Verpackungen um eine Verkaufsverpakung (z.B. die Zahnpasta-Schachtel). Der Handel muß sie selbst entsorgen bzw. von seinem Kunden zurücknehmen.

   Verkaufsverpackungen werden für Transport und Aufbewahrung der Waren verwendet. Ihre Entsorgung hat der Handel in Deutschland dem Dualen System (DSD) überlassen – er könnte jedoch die Entsorgung auch selbst übernehmen.

6. ● Erstellung von aktuellen Unterlagen über die Bestände nach Menge und Wert. Die heutigen Verarbeitungsformen mit EDV ermöglichen eine relativ einfache Lösung dieser Aufgabe.
   ● Erstellung von zeitlichen Nachweisen der Lageränderungen
   ● Durchführung der Inventur zur Erfüllung handelsrechtlicher und steuerrechtlicher Vorschriften
   ● Erstellung von Daten, um einen evtl. notwendigen Lageranbau oder Lagerabbau zu erkennen
   ● Überwachung von Ausschuß, ungeplantem Mehrverbrauch usw.
   ● Ermittlung von Daten zur Erstellung, Änderung und Löschung von Bestellungen
   ● Durchführung von Bestandskontrollen

7. Fehlmengenkosten fallen an, wenn ein Bedarf für den Verkauf nicht aus dem Vorrat gedeckt werden kann. Bei einem hohen Lieferbereitschaftsgrad - z.B. 90 % - entstehen geringe Fehlmengenkosten. Senkt man den Lieferbereitschaftsgrad auf 60 %, so besteht die Gefahr, daß sich beträchtlich höhere Fehlmengenkosten ergeben. Solche Kosten können sein:

   ● entgangene Gewinne
   ● Imageverluste, die zwar nicht unmittelbar quantifizierbar sind, aber auf lange Sicht zu Umsatzverlusten führen können, wenn Kunden wegen Lieferterminverzögerungen in Zukunft ihren Bedarf bei der Konkurrenz decken
   ● Kosten für Sondermaßnahmen, um die Verkaufskontinuität aufrecht zu erhalten, z.B. erhöhte Schreib- und Telefonkosten im Einkauf, erhöhte Transportkosten, überhöhte Materialpreise, erhöhter Personalaufwand im Einkauf

8. **Qualitative Wertminderung** ist modische oder technische Veralterung z.B. bei Kleidung, Geräten der Unterhaltungselektronik, Bürotechnik, EDV usw.

   Quantitative Wertminderung ist Schwund, z.B. bei Flüssigkeiten, Verderb, z.B. bei Nahrungsmitteln, Diebstahl usw.

9. Nein, trotz ausdrücklicher Mitteilung unbeachtlicher Motivirrtum.

10. Von jedem einzelnen. Gesellschaft des Bürgerlichen Rechts, Gesamtschuld, jeder haftet für die ganze Summe.

11. Unter Anwesenden sofort. Unter Abwesenden ist die Annahme solange möglich, als mit einer Antwort unter regelmäßigen Umständen zu rechnen ist (Überlegungsfrist, Beförderungszeit).

12. Geringwertige Wirtschaftsgüter sind Anlagegüter mit Anschaffungskosten bis zu 410 EUR (netto). Diese Güter können entweder über die Nutzungsdauer planmäßig abgeschrieben oder im Jahr der Anschaffung in voller Höhe sofort abgeschrieben werden.

Antwortensatz IV / Teil 2

Thema 1

a) Einkaufslimit und freies Limit:
- *Ermittlung des Planumsatzes*:

Umsatz des Vorjahres	250.000,-- EUR
+ 8 %	20.000,-- EUR
Planumsatz	270.000,-- EUR

- *Ermittlung des geplanten Wareneinsatzes = Bruttolimit*:

Planumsatz	270.000,-- EUR
- Handelsspanne (33 1/3 %)	90.000,-- EUR
Bruttolimit	180.000,-- EUR

- *Ermittlung des Einkaufslimits = Nettolimit*:
  - Ermittlung des Lagerumschlags, da der durchschnittliche Kapitaleinsatz = durchschnittlicher Lagerbestand bereits gegeben ist nach der Formel:

$$\text{Lagerumschlag} = \frac{\text{geplanter Wareneinsatz}}{\text{durchschnittl. Lagerbestand}} = \frac{180.000 \text{ DM}}{36.000 \text{ DM}} = 5 \text{ x}$$

  - Ermittlung des Lageranbaus bzw. Lagerabbaus:

geplanter durchschnittlicher LB	36.000,-- EUR
- Anfangsbestand	38.234,-- EUR
Differenz Lagerabbau	2.234,-- EUR

  - Ermittlung des Einkaufslimits:

Bruttolimit	180.000,-- EUR
- Lagerabbau	2.234,-- EUR
Einkaufslimit	177.766,-- EUR

- *Ermittlung des freien Limits*:

Einkaufslimit	177.766,-- EUR
- 12 % Limitreserve	21.332,-- EUR
freies Limit	156.434,-- EUR

b) Der Lagerumschlag beträgt im Planjahr 5 x.

c) Limitreserven werden gebraucht für evtl. Nachdispositionen (für Sonderaktionen, Nachorder bei besonders gut gehenden Artikeln), die sich aus der Marktentwicklung selbst oder aus einer besonderen Konkurrenzsituation ergeben können.

Thema 2

a) Nein, V war die Lieferung unmöglich (§ 275 I BGB), da K sich im Annahmeverzug befand (§ 293 BGB). V bot die geschuldete Leistung in der richtigen Art und Weise, zur rechten Zeit, am rechten Ort an (§ 294 BGB).

K war aufgrund des Vertrages zur sofortigen Bezahlung (Zug um Zug) verpflichtet. Zwar war K zur Abnahme bereit, wollte jedoch nicht zahlen. Dadurch kam K in Annahmeverzug (§ 298 BGB). Der Annahmeverzug bewirkte, daß die Leistung (= Sachgefahr) auf K als Gläubiger übergegangen ist, mit der Folge, daß die Schuld auf die angebotene Vitrine beschränkt bleibt (Konkretisierung der Gattungsschuld - § 300 II BGB). Der Annahmeverzug bewirkt ebenfalls, daß V nur noch Vorsatz und grobe Fahrlässigkeit zu vertreten hat (§ 300 I BGB).

Folglich ist dem K durch die Zerstörung der Glasvitrine die Lieferung unverschuldet unmöglich geworden und dadurch wurde K von der Verpflichtung zur Lieferung frei (§ 275 I BGB).

b) Ja, denn durch den Annahmeverzug des K hat V nur noch Vorsatz und grobe Fahrlässigkeit zu vertreten. Weil V den Unfall, der zur Zerstörung der Vitrine führte, nur leicht fahrlässig verursacht hatte, ist er dem K nicht zum Schadenersatz wegen Nichterfüllung verpflichtet (§ 325 I BGB). Vielmehr trägt K während seines Annahmeverzugs die Preis- (Gegenleistungs-) Gefahr, wenn die geschuldete Sache zufällig untergeht (§ 324 II BGB). Folglich muß K dem V die Vitrine bezahlen.

Kosten- und Leistungsrechnung

Antwortensatz I / Teil 1

1.

	bilanziell	kalkulatorisch
Verfahren:	möglichst steuersparend, deshalb degressiv	abnutzungsgerecht
Bemessungsgrundlage:	Anschaffungskosten	Wiederbeschaffungskosten
Abschreibungsdauer:	Bis zum Ende der Nutzungsdauer	solange das Wirtschaftsgut genutzt wird

2. In diesem Fall ist ein differenzierter Handlungskostenzuschlag vorzuschlagen. Ein einheitlicher Handlungskostenzuschlag würde außer acht lassen, daß in der Abteilung „Dessous" wesentlich höhere Handlungskosten anfallen als in der Abteilung „Bettwäsche". Die Abteilung „Dessous würde damit mit zu niedrigen Handlungskosten belastet, die Abteilung „Bettwäsche" mit zu hohen.

3. Sprungfixe Kosten ändern sich nicht kontinuierlich in der Abhängigkeit vom Beschäftigungsgrad sondern bleiben bis zur Kapazitätsgrenze fix. Dann steigen sie bei einer Kapazitätsausweitung sprunghaft an und bleiben wieder bis zur neuen Kapazitätsgrenze konstant.

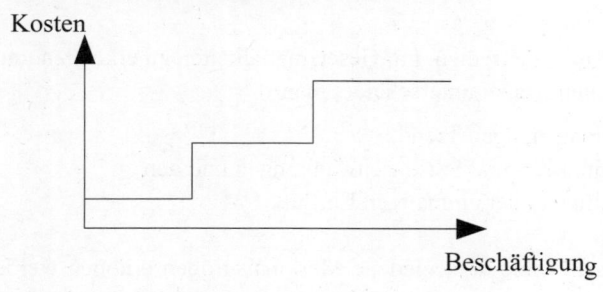

4. Mit Hilfe der Kostenartenrechnung ist nur eine globale Kontrolle der Kostenarten für die Gesamtheit des Betriebes möglich, nicht aber der Stellen

ihrer Verursachung (Kostenstellen). Eine differenzierte Kalkulation nach dem Verursachungsprinzip ist so nicht möglich.

5. Die Preisuntergrenze in der Vollkostenrechnung ist der Selbstkostenpreis. Dieser setzt sich zusammen aus den jeweiligen Einzelkosten sowie einem Anteil der entstandenen Gemeinkosten. Die Preisuntergrenze in der Deckungsbeitragsrechnung auf Grenzkostenbasis sind die variablen Kosten pro Stück.

6. Wenn sich die Stückzahl erhöht, sinkt der Fixkostenanteil pro Stück, dann spricht man von einer Fixkostendegression. Der Verlust wird damit verringert oder es entsteht ein Gewinn.

   Beispiel 1: Eine Maschine verursacht Abschreibungskosten in einer bestimmten Höhe. Wird nun die Produktion auf dieser maschine gesteigert, so sinken damit die Abschreibungen pro Stück. Beispiel 2: Bei steigenden Absatzzahlen wird die bestehende Verkaufsfläche besser ausgenutzt. In diesem Falle stellt die Miete eine fixe Kostenart dar. Wenn man die Mietkosten auf den einzelnen Artikel umlegt, sinkt die Mietkostenbelastung pro Stück

7. Der Break-even-point beschreibt die gewinn- und verlustneutrale Situation im Betrieb. Es werden weder Gewinne noch Verluste erzielt. Die fixen Kosten sind bei diesem Beschäftigungsgrad voll durch die Deckungsbeiträge gedeckt, der Umsatz entspricht den Gesamtkosten (incl. des Wareneinsatzes).

8. Man erstellt Zeitreihen, um Gesetzmäßigkeiten zu erkennen und Prognosen zu erstellen. Dabei unterscheidet man
   - den langfristigen Trend,
   - Konjunktur- und Saisonschwankungen und den
   - zufälligen oder einmaligen Einfluß.

9. Wenn sehr viele verschiedene Merkmalsgrößen erhoben werden, bietet es sich an, sie zur besseren Übersicht in Klassen zu ordnen (z.B. Einkommen von .... bis ... EUR).

Zu achten ist dabei darauf,
- daß weder zu viele, noch zu wenige Klassen gebildet werden,
- daß die Klassenweite in Bereichen, in denen eine Häufung der Klassen auftritt, geringer ist als in Randbereichen,
- daß die Klassenmitte repräsentativ für die anfallenden Daten ist,
- daß möglichst offene Klassen vermieden werden.

10. Beim **Quotenverfahren** bildet man ein verkleinertes „Modell" der Grundgesamtheit, z.B. mit der gleichen Altersschichtung oder den gleichen Einkommensverhältnissen. Man geht davon aus, daß dann auch die untersuchte Stichprobe ein Bild der Grundgesamtheit wiedergibt.

    Geht man nach dem **Konzentrationsprinzip** vor, so werden nur die größten Elemente aufgenommen - z.B. also die Unternehmen mit dem größten Umsatz, wenn man die Konjunkturentwicklung untersuchen will.

11. Tabellen ermöglichen eine exakte Darstellung. Graphiken bieten einen schnellen bildhaften Überblick, sie sind aber weniger präzise. Deshalb sollten sich beide ergänzen.

12. Ein Engpaßplan ist derjenige Einzelplan, der den Umfang der anderen Pläne bestimmt. So kann z.B. in einem Handelsbetrieb die Finanzplanung die Einkaufs- oder die Investitionsplanung begrenzen.

Antwortensatz I / Teil 2

Thema 1

a)

Betriebsabrechnungsbogen

Kostenstellen Kostenarten	Summe	Allgem. KSt.	Heim-textil	HilfsKSt. Da/He	Damen-verkauf	Herren-verkauf	Verteilungs-schlüssel
Personalkosten	100.000	9.000	12.000	9.000	30.000	40.000	
Kalk. Miete	20.000	3.000	4.000	3.000	4.000	6.000	
Steuern	8.000	1.000	1.500	1.500	2.000	2.000	
Werbung	18.000	3.000	4.000	3.000	4.000	4.000	
Transportkosten	12.000	2.000	1.200	4.000	2.800	2.000	3:4:3:4:4
Fuhrpark	22.000	4.000	6.000	3.000	3.000	6.000	
Allg. Verw. K.	29.000	5.000	5.000	6.000	6.000	7.000	6:9:45:45:9
Abschreibungen	18.000	2.000	4.000	2.000	5.000	5.000	
Gesamtkosten	227.000	29.000	37.700	31.500	56.800	72.000	
		-	6.000	6.000	8.000	9.000	
			43.700		79.800	103.500	
Wareneinsatz (EK)			107.000		167.400	190.650	
Handlungskosten			40,84 %		47,67 %	54,29 %	
					15.000	22.500	

b) Die Preisuntergrenze in der Vollkostenrechnung ist der Selbstkostenpreis.

Einstandspreis	200,-- EUR
+ Handlungskosten (47.67 %)	95,34 EUR
= Selbstkostenpreis	295,34 EUR

c) Unter dem „Betriebsergebnis" versteht man die Differenz zwischen den Kosten und Leistungen einer Berichtsperiode.

Leistung (Umsatzerlöse)	750.000,-- EUR
- Realisierter Wareneinsatz (lt. BAB)	465.050,-- EUR
- Summe der Gemeinkosten (lt. BAB)	227.000,-- EUR
= Betriebsergebnis	57.950,-- EUR

Thema 2

Arbeitstabelle:

i	x_i	$|x_i - \bar{x}|$
1	4	10
2	5	9
3	3	11
4	5	9
5	6	8
6	8	6
7	10	4
8	11	3
9	17	3
10	21	7
11	23	9
12	22	8
13	24	10
14	26	12
15	25	11
n = 15	$\sum x_i = 210$	$\sum = 120$

a) $\bar{x} = \dfrac{\sum x_i}{n} = \dfrac{210}{15} = 14$

Im monatlichen Durchschnitt werden 14 Stück von D verkauft.

$e = \dfrac{\sum(x_i - \bar{x})}{n} = \dfrac{120}{15} = 8$

Die durchschnittliche Abweichung des Monatsabsatzes vom arithmetischen Mittel beträgt 8 Stück.

$V = \dfrac{e}{\bar{x}} \cdot 100 = \dfrac{8}{14} \cdot 100 = 57,1\%$

Der Variationskoeffizient V beträgt somit 57,1%.

b) Da die relative durchschnittliche Streuung der Einzelwerte um das arithmetische Mittel größer als 50% und die statistische Masse somit sehr inhomogen ist, kann der Durchschnitt nicht als repräsentatives Maß für die Einzelwerte gelten.

c)

i	x_i	Trendwerte
10	21	
11	23	22
12	22	23
13	24	24
14	26	25
15	25	

Aus der Trendberechnung ergibt sich für den 16. Verkaufsmonat für Artikel A eine Absatzprognose von 27 Stück.

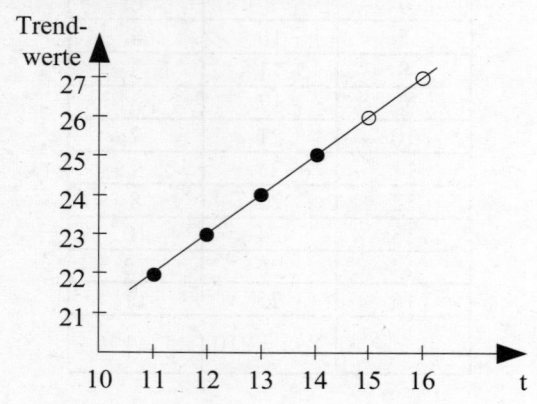

Kosten- und Leistungsrechnung

Antwortensatz II / Teil 1

1. Bei der Vollkostenrechnung werden die einzelnen Waren oder Warengruppen mit anteiligen Gemeinkosten belastet, die sie selbst nicht verursacht haben. Dies kann zu falschen unternehmenspolitischen Entscheidungen führen.

2. Bestimmte Aufwendungen (z.B. neutrale Aufwendungen) gehen in die Kostenrechnung nicht ein. Andererseits müssen in der Kostenrechnung bestimmte Kosten (Zusatzkosten) berücksichtigt werden, die nicht in der Aufwandsrechnung (der G+V) enthalten sind.

3. Dieser Schlüssel geht von der Fiktion aus, daß die Fläche überall gleichwertig ist. Tatsächlich aber weist die Fläche in einem Obergeschoß oder im Kellergeschoß in der Regel eine niedrigere Produktivität auf als im Erdgeschoß.

4. **Kostenartenrechnung:**
   Erfassung und Gliederung der Kosten nach ihrer Art (z.B. Personalkosten)

   Kostenstellenrechnung:
   Verrechnung der Gemeinkosten auf die Stellen ihrer Verursachung (z.B. Abteilung Fuhrpark)

   Kostenträgerrechnung:
   Verrechnung der Kosten anteilig auf die Kostenträger und evtl. Gegenüberstellung von Leistung und Kosten pro Kostenträger sowie Ermittlung des Betriebsergebnisses pro Kostenträger und Gesamtbetrieb (Beispiel für Kostenträger: Warengruppe X)

5. Einzelkosten lassen sich unmittelbar auf den Kostenträger - also die Ware - zurechnen.
   Beispiele: Verpackung für eine Ware; Lohn für eine Verkäuferin, die z.B. an einem Sonderstand nur ein Produkt verkauft.

6. Häufig wird sich der Kaufmann nach den Verkaufspreisen seiner Mitbewerber richten. In dieser Situation muß er mit Hilfe der Rückwärtskalkulation ermitteln, welchen Einkaufspreis er von seinem Lieferanten höchstens akzeptieren kann.

7. Die Deckungsbeitragsrechnung auf Grenzkostenbasis zeigt die Preisuntergrenze auf. Denn wenn die fixen Kosten durch das bestehende Sortiment bereits voll abgedeckt sind, so ist derjenige Betrag, der die Preisuntergrenze übersteigt (Deckungsbeitrag) in voller Höhe Gewinn.

8. Die Bevölkerung der Gemeinde X ist z.B. die statistische Masse, die es zu untersuchen gilt. Der einzelne Bewohner ist das Element. Merkmale können nun Alter, Geschlecht, Familienstand usw. sein.

9. Die gewonnenen Aussagen können nicht repräsentativ sein. Einerseits ist die Stichprobe zu klein, andererseits ist die Auswahl der Befragten willkürlich: Nichtkäufer haben keine Chance, in die Stichprobe zu gelangen.

10. Das Gesetz der großen Zahl besagt, daß sich Zufallsergebnisse und -schwankungen bei genügend häufiger Durchführung eines Versuchs ausgleichen, so daß typische Erscheinungen erkennbar werden.

    Beispiel aus der Handelspraxis:
    Ermittelt man den Lagerbestand nur mit Anfangs- und Endbestand, so ergeben sich falsche Ergebnisse. Denn zu diesen Zeitpunkten können zufällige Erscheinungen wirksam sein, die die Aussagekraft der Zahl beeinträchtigen (nach dem Weihnachtsgeschäft ist z.B. das Warenlager sehr niedrig). Die Einbeziehung der Monatsendbestände schaltet diese Zufallsschwankungen aus.

    Ein weiteres Beispiel:
    Wenn man oft genug würfelt, so ergibt sich für alle Zahlen in etwa eine gleich große Häufigkeit. Zufällige Ergebnisse gleichen sich auch hier aus.

11. **Fehler bei der Erhebung:**
    - Fehler bei der Stichprobenauswahl
    - Fehler der Fragetechnik
    - ungenaue Erfassung des Zahlenmaterials usw.

Fehler bei der Bearbeitung:
- ungeeignete Klassenbildung
- Wahl eines ungeeigneten Mittelwertes
- unzweckmäßiger Maßstab bei graphischen Darstellungen usw.

Fehler bei der Auswertung:
- Vernachlässigung der absoluten Zahlen - es werden nur die Verhältniszahlen berücksichtigt.
- Uneinheitliche Grundlage der Statistik wird nicht berücksichtigt. (Eine Statistik über die Anteile von Studenten an der Gesamtbevölkerung muß notwendigerweise falsch sein, weil unter Studium z.B. in den USA etwas ganz anderes verstanden wird als in Deutschland.)

12. **Gliederungszahl:** z.B. Lohnkostenanteil an den Gesamtkosten

$$\left(\frac{\text{Teilmenge}}{\text{Gesamtmenge}}\right) *)$$

Meßzahl: z.B. Verhältnis von Anlage- zu Umlaufvermögen

$$\left(\frac{\text{Teilmenge}}{\text{Teilmenge}}\right) *)$$

Beziehungszahl: z.B. Verhältnis zwischen Gewinn und Eigenkapital (Rentabilität)

(Verschiedene Mengen werden zueinander in Beziehung gesetzt) *)

*) Diese Hinweise brauchen Sie in Ihrer Lösung nicht zu bringen!

Antwortensatz II / Teil 2

Thema 1

a) Handelsspanne $= \dfrac{3.000.000 \cdot 100}{10.000.000} =$ 30 %

Handlungskostenzuschlag $= \dfrac{2.800.000 \cdot 100}{7.000.000} =$ 40 %

Umsatzrendite $= \dfrac{(10.000.000 - 9.800.000) \cdot 100}{10.000.000} =$ 2 %

b)
Einstandspreis	10,-- EUR
+ Handlungskostenzuschlag (40 %)	4,-- EUR
= Selbstkostenpreis	**14,-- EUR**

Erlös pro Stück	14,-- EUR
- variable Kosten / Stück (10,--+1,--)	11,-- EUR
= Deckungsbeitrag	**3,-- EUR**

c) Ausgabewirksame Kosten = 2.500.000 EUR

Handlungskostenzuschlag $= \dfrac{2.500.000 \cdot 100}{7.000.000} =$ 35,71 %

d)
Kalkulatorische Abschreibung	200.000 EUR
+ Kalkulatorischer Unternehmerlohn	100.000 EUR
+ Restliche Fixkosten	1.800.000 EUR
= Fixkosten gesamt	**2.100.000 EUR**
davon 10 %	210.000 EUR

Notwendige Menge $= \dfrac{210.000 \text{ EUR}}{3 \text{ EUR/Stück}} =$ 70.000 Stück

Thema 2

x	f	x·f	f_{kum}	$|x - \bar{x}|$	$|x - \bar{x}| \cdot f$
1	4	4	4	1,53	6,12
2	3	6	7	0,53	1,59
3	5	15	12	0,47	2,35
4	2	8	14	1,47	2,94
5	1	5	15	2,47	2,47
Σ	15	38			15,47

a) $\bar{x} = \dfrac{\sum x \cdot f}{\sum f} = \dfrac{38}{15} = 2,53$ [Jahre]

b) D = 3 [Jahre]

c) Z = 3 [Jahre]

d) SP = 5 - 1 = 4 [Jahre]

e) $e = \dfrac{\sum |x - \bar{x}| \cdot f}{\sum f} = \dfrac{15,47}{15} = 1,03$ [Jahre]

f) $V = \dfrac{e \cdot 100}{\bar{x}} = \dfrac{1,03 \cdot 100}{2,53} = 40,71\,\%$

Kosten- und Leistungsrechnung

Antwortensatz III / Teil 1

1. | | |
    |---|---:|
    | Bilanzgewinn | 200.000 EUR |
    | + Abschreibungen auf Anlagevermögen | 50.000 EUR |
    | + Erhöhung der Pensionsrückstellungen | 20.000 EUR |
    | + Außerordentliche Aufwendungen | 5.000 EUR |
    | - Außerordentliche Erträge | 3.000 EUR |
    | **= Brutto Cash flow** | **272.000 EUR** |
    | - Privatentnahmen | 80.000 EUR |
    | **= Netto Cash flow** | **192.000 EUR** |

2. - Sortimentspolitik
    - Preispolitik
    - zur Berechnung der Rentabilität von Aktionen
    - zur Engpaßplanung

3. Das allgemeine Unternehmerrisiko betrifft das Gesamtunternehmen. Es berücksichtigt insbesondere die Unwägbarkeit der gesamtwirtschaftlichen Entwicklung, Nachfrageverschiebungen, technischen Fortschritt usw. Das spezielle Einzelwagnis steht in direktem Zusammenhang mit der betrieblichen Leistungserstellung. Es kann sich beziehen auf

    - Beständewagnis
    - Vertriebswagnis
    - Anlagenwagnis usw.

4. Wenn der Verkaufspreis unter den variablen Kosten pro Stück liegt. Denn dann deckt er nicht einmal mehr die Kosten, die die Ware als Kostenträger selbst verursacht hat.

5. Wenn man mit einem einheitlichen Handlungskostenzuschlag arbeitet, verteilt man die Gemeinkosten des Betriebes gleichmäßig auf alle Artikel. Tatsächlich aber nehmen die einzelnen Artikel die verschiedenen Kostenstellen sehr unterschiedlich in Anspruch. Die Folge ist, daß die Gemein-

kosten nicht verursachungsgerecht auf die Kostenträger verrechnet werden. Der Betrieb weiß dann letztlich nicht, an welchen Waren er verdient und an welchen er bereits „zusetzt".

6. Da die Verkäuferin für die ganze Abteilung arbeitet, ist keine exakte Zurechnung für einen einzelnen Kostenträger möglich. Dagegen kann der Lohn der Kostenstelle „Abteilung Lebensmittel" direkt zugerechnet werden.

7. Anderskosten sind Kosten, denen in der Buchhaltung ein Aufwand in anderer Höhe gegenübersteht (z.B. kalkulatorische Abschreibung). Zusatzkosten sind dagegen Kosten, denen in der Buchhaltung überhaupt kein Aufwand gegenübersteht und die deshalb für die Zwecke der Kostenrechnung zusätzlich verrechnet werden (z.B. kalkulatorischer Unternehmerlohn).

8. Ein bestimmter Warenkorb muß festgelegt werden. Verbrauchergewohnheiten ändern sich. Bestimmte Produkte kommen in den Warenkorb hinein, andere scheiden aus. Die Gewichtung der einzelnen Güter im Warenkorb ändern sich (so ist z.B. die Bedeutung des Gutes „Reisen" in den letzten Jahren gewaltig gestiegen). Die Basisperiode muß festgelegt werden.

9. Der Median eignet sich besonders für Massen mit offenen Klassen oder für sehr kleine Beobachtungszahlen oder für Massen mit sehr stark asymmetrischen Verteilungen.

   Er ist leicht und ohne große Berechnungen bestimmbar. Extremwerte verzerren ihn nicht.

   Der Median halbiert die Masse: 50 % der Werte liegen über, 50 % unter dem Median.

10. **Vorteile der mündlichen Befragung:**
    Der Interviewer kann flexibel reagieren und Rückfragen beantworten. Er kann auch Besonderheiten wahrnehmen, die eventuell in einem standardisierten Antwortblatt gar nicht berücksichtigt worden sind.

Probleme der mündlichen Befragung:
- Der Interviewer wird häufig gar nicht erst in die Wohnung gelassen. Das Interview wird als Belästigung empfunden.
- Es besteht ein hoher Bedarf an qualifiziertem Personal, der nicht immer oder nur mit sehr großen Kosten zu decken ist.
- Der Interviewer kann den Befragten beeinflussen.
- Die Qualität der Untersuchung hängt von der Qualität des Interviewers ab.

11. Sekundärmaterial ist nicht selten veraltet. Die Daten können deshalb nicht mehr ohne weiteres angewandt werden. Es ist nicht immer bekannt, unter welchen Voraussetzungen das Material gewonnen wurde. Sekundärstatistisches Material ist für den benötigten Zweck oftmals unvollständig.

12. Umweltfaktoren, die für ein Handelsunternehmen relevant sind (fünf hiervon müßten Sie nennen und erläutern):
    - **Gesamtwirtschaftliche Daten** - die wirtschaftliche Gesamtentwicklung beeinflußt auch die Chancen des Unternehmens.
    - **Politisches Umfeld** - politische Stabilität bzw. Instabilität wirken sich auf den Geschäftserfolg aus.
    - **Soziales Umfeld** - die Entwicklung der Gesellschaft beeinflußt sowohl den Absatz als auch insbesondere den Personalmarkt.
    - **Branchenentwicklung** - neue Trends der Sortimente und Handelsstrukturen müssen wir frühzeitig aufgreifen.
    - **Konkurrenzinformationen** - wir müssen wissen, wie sich die Wettbewerbssituation ändert.
    - **Marktinformationen (Abnehmer)** - Veränderungen der Bedarfsträger, Kaufgewohnheiten und Präferenzen prägen unsere Absatzchancen.
    - **Kapitalmarktinformationen** - für die Finanzierung des Unternehmens lebenswichtig!
    - **Beschaffungsmarkt** - wie ändert sich die Struktur auf der Anbieterseite, öffnen oder schließen sich Grenzen und Bezugsmöglichkeiten?
    - **Personalmarkt** - wie ändert sich die Zahl der zur Verfügung stehenden Mitarbeiter und ihre Qualität?

- **Wissenschaftliche Entwicklungen** - gibt es neue Erfindungen, neue Chancen oder Risiken (z.B. Videokamera verdrängt Super 8 Kamera).
- **Psychologisches Umfeld** - wie stehen die Menschen zum Konsum, zu Fragen des Umweltschutzes usw.

Antwortensatz III / Teil 2

Thema 1

a)
Erlös	300,-- EUR
- variable Kosten / Stück	200,-- EUR
= Deckungsbeitrag / Stück	100,-- EUR
$BEP = \dfrac{Fixkosten}{DB/Stück} = \dfrac{30.000\ EUR}{100\ EUR/Stück} =$	300,-- EUR
Mindestumsatz = 300 St. · 300,-- EUR/St. =	**90.000,-- EUR**

b)
Erlös (330 Stück · 300,-- EUR)	99.000,-- EUR
- variable Kosten (330 St. · 200,--)	66.000,-- EUR
= Deckungsbeiträge	33.000,-- EUR
- fixe Kosten	30.000,-- EUR
= **Betriebsergebnis**	**3.000,-- EUR**

c) Die Preisuntergrenze im Sinne einer Vollkostenrechnung ist der Selbstkostenpreis:

Variable Kosten pro Stück	200,-- EUR
+ Fixkostenanteil / Stück (30.000 EUR : 200 Stück)	150,-- EUR
= **Selbstkostenpreis pro Stück**	**350,-- EUR**

d) Obwohl der übliche Verkaufspreis von 300,-- EUR nicht die Selbstkosten in Höhe von 350,-- EUR (bei einer Beschäftigung von 200 Stück) deckt, ist es dennoch sinnvoll, diesen Artikel im Sortiment zu belassen, da ein positiver Deckungsbeitrag von 100,-- EUR (vgl. Aufgabenteil a)) erzielt werden kann, der das Betriebsergebnis verbessert.

Thema 2

a) $\dfrac{58,2 \cdot 100}{92,8} = 62,7\,\%$

b) Gliederungszahl

c) $\dfrac{0,8 \cdot 100}{12} = 6,67\,\%$ (Beziehungszahl)

d) Der Wert gewinnt dann eine Aussagekraft, wenn man ihn z.B. mit Vorjahreswerten (innerbetrieblicher Vergleich), mit dem Ergebnis ähnlicher Betriebe (zwischenbetrieblicher Vergleich) oder mit der üblichen Verzinsung festverzinslicher Wertpapiere vergleicht. Gerade vor diesem Hintergrund muß die Rentabilität als absolut unbefriedigend angesehen werden.

e) Meßzahlen:

1996	1997	1998	1999	2000	2001	2002
100	106	118	113	125	131	143

Die Meßzahlen sind besonders geeignet, eine Entwicklung gleichartiger Größen darzustellen. Im vorliegenden Falle weist das Unternehmen - mit einer Ausnahme - eine recht stetige Umsatzentwicklung auf.

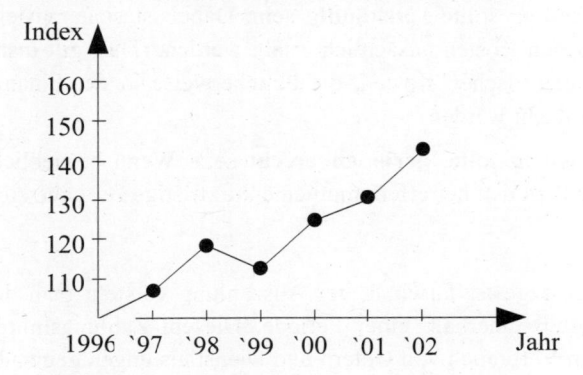

Kosten- und Leistungsrechnung

Antwortensatz IV / Teil 1

1. **Kalkulatorischer Unternehmerlohn:**
   Für die tätige Mitarbeit des Unternehmers (kein Arbeitnehmergehalt).

   Kalkulatorische Miete:
   Für das betrieblich genutzte, betriebseigene Gebäude.

   Kalkulatorische Abschreibung:
   Bei Abweichung der kalkulatorischen Abschreibung von der steuerlichen Abschreibung wegen anderer Nutzungsdauer und Abweichung zwischen Anschaffungswert und Wiederbeschaffungswert.

   Kalkulatorische Wagnisse:
   Für Vermögensrisiken, die nicht versichert sind.

   Kalkulatorische Zinsen:
   Für das betriebsnotwendige Kapital bzw. das Eigenkapital.

2. Die Erfassung sollte **geordnet** sein. Dadurch soll sichergestellt werden, daß sich die Kostenarten nicht überschneiden und Kostenstellengesichtspunkte eliminiert sind.

   Die Erfassung sollte **vollständig** sein. Dabei ist sicherzustellen, daß alle entstandenen Kosten tatsächlich erfaßt werden. (Dies gilt insbesondere für die kalkulatorischen Kosten, die üblicherweise in der Finanzbuchhaltung nicht verbucht werden).

   Die Erfassung sollte **periodengerecht** sein. Wenn betriebliche Ausgaben mehrere Perioden betreffen. muß eine kurzfristige zeitliche Abgrenzung erfolgen.

3. Diese Aussage ist falsch. Unter Auszahlung versteht man den Zahlungsmittelabfluß innerhalb einer Periode. Diesem Zahlungsmittelabfluß muß aber kein Verbrauch von Gütern und Dienstleistungen gegenüberstehen. So führen z.B. Privatentnahmen oder Grundstückskäufe zu keinem Aufwand.

4. a) Bilanzwert des AV   400.000 EUR
   + Forderungen   50.000 EUR
   + Warenbestand   300.000 EUR
   Betriebsnotw. Vermögen   750.000 EUR

   b) Kalkul. Zins   750.000 EUR
   ./. Nichtverzinsl. Lieferantenschulden 250.000 EUR
                                        500.000 EUR
   davon 7%   35.000 EUR

5. **Gliederung nach Verantwortungsbereichen:**
   Diese Einteilung orientiert sich am Organisationsplan des Handelsbetriebes.

   Gliederung nach Funktionsbereichen:
   Hier bilden die Handelsfunktionen die Grundlage für die Bildung der Kostenstellen (z.B.: Beschaffung, Lager, Verkauf).

   Gliederung nach räumlichen Gesichtspunkten:
   Hier werden als Kostenstellen abgrenzbare räumliche Bereiche gebildet (z.B.: Filialen, Stockwerke, Büros etc.).

6. Wenn der Break-even-point erreicht ist, bedeutet dies, daß die fixen Kosten bereits voll abgedeckt sind. Somit sind die weiteren erzielten Deckungsbeiträge in voller Höhe Gewinn. Wenn also ein Stück mehr verkauft werden kann, ist der Gesamtgewinn so hoch wie der Stückdeckungsbeitrag.

7. a) Neutraler Aufwand: 3.000,-- EUR
      Kalkulatorische Kosten: 1.500,-- EUR

   b) Grundkosten: 50.000,-- EUR
      Kalkulatorische Kosten: 10.000,-- EUR

   c) Neutraler Aufwand: 1.300,-- EUR
      Grundkosten: 2.700,-- EUR

8. Streuungsmaße werden berechnet, um statistischen Mittelwerten ein höheres Maß an Bedeutung und Aussagekraft zu geben. Mit Hilfe von Streuungsmaßen lassen sich Aussagen über die Verteilung der Einzelwerte um den Mittelwert und über die Schwankung der Einzelwerte einer statistischen Masse (= Aussagen über Homogenität und Inhomogenität einer statistischen Masse) machen.

9. a) **Gliederungszahl**, z.B. Lohnkostenanteil an den Gesamtkosten.

   b) **Meßzahl**, z.B. Verhältnis von Anlage- zum Umlaufvermögen.

   c) **Beziehungszahl**, z.B. Beziehung zwischen Gewinn und Eigenkapital (Rentabilität).

10. a) **Zeitvergleich:** Vergleich von Umsatz, Kosten, Lagerhaltung, Rentabilität verschiedener Zeiträume.
    - Vorteil: Man erkennt die Entwicklung
    - Nachteil: Es werden u.U. ungünstige Zahlen mit ungünstigen Zahlen verglichen (Schlamperei mit Schlamperei)

    b) **Soll-Ist-Vergleich:** Ist-Kosten zu Plan-Kosten.
    - Vorteil: Analyse der Kosten aufgrund der Planung.
    - Nachteil: Planung kann unrealistisch sein.

11. Lagebedingte:
    - Median
    - Modus

    Errechnete:
    - Einfaches arithmetisches Mittel
    - Gewogenes arithmetisches Mittel

12.
    - Soll/Ist-Vergleiche vornehmen, Abweichungen analysieren
    - Das Management bei der strategischen und operativen Planung unterstützen
    - Das Rechnungswesen mitgestalten, damit es seine Aufgabe, Controlling zu ermöglichen, erfüllen kann
    - Unterstützung bei der Marketingpolitik
    - Koordination der verschiedenen Stellen im Unternehmen

Antwortensatz IV / Teil 2

Thema 1

a)

Artikel	A	B	C	Summe
Verkaufspreis / Stück	10,--	25,--	30,--	
- variable Kosten	6,--	22,--	20,--	
= DB / Stück	4,--	3,--	10,--	
· Absatz (Stück)	2.000	150	1.500	
= DB / Artikel	8.000,--	450,--	15.000,--	23.450,--
- fixe Kosten				20.000,--
= **Betriebsergebnis**				**+ 3.450,--**

b) Artikel B sollte im Sortiment belassen werden, da er einen positiven Deckungsbeitrag in Höhe von 3 EUR/Stück erzielt. Bei der langfristigen Preisuntergrenze handelt es sich um den Selbstkostenpreis.

Der Verkaufspreis von 25 EUR liegt zwar unter dem Selbstkostenpreis von 30 EUR, ist aber immer noch höher als die variablen Stückkosten von 22 EUR, so daß jede verkaufte Einheit mit 3 EUR zur Deckung der fixen Kosten beiträgt und somit das Betriebsergebnis verbessert.

c) Die Sonderaktion führt dann zu einer Ergebnisverbesserung, wenn die durch die Sonderaktion zusätzlich erzielten Deckungsbeiträge höher sind als die durch die Werbeaktion zusätzlich verursachten Kosten von 1.700 EUR. Berechnung:

Kosten der Werbeaktion	1.700 EUR
Aktionspreis / Stück	28 EUR
variable Kosten / Stück	20 EUR
geplanter Absatz	2.000 Stück
Verkaufspreis / Stück	28 EUR
- variable Kosten	20 EUR
= **DB / Stück**	**8 EUR**

DB /Stück · geplanter Absatz = Deckungsbeitragsvolumen / Artikel C
→ 8 EUR · 2.000 Stück = 16.000 EUR

Das neue DB-Volumen (= 16.000 EUR) ist zwar um 1.000 EUR höher als das alte DB-Volumen (= 15.000 EUR), reicht aber nicht aus, um die zusätzlichen Kosten der Werbeaktion (= 1.700 EUR) zu decken. Somit verschlechtert sich das Betriebsergebnis um 700 EUR.

d) Die absolute Preisuntergrenze des Artikels A sind seine variablen Stückkosten in Höhe von 6 EUR / Stück. Bei diesem Verkaufspreis sind immer noch die Kosten gedeckt, die der Artikel A selbst verursacht.

Thema 2

a) Der Umsatz liegt z.B. um 25% unter dem Vergleichswert des Fachverbands. Die Verhältniszahl ist eine Meßzahl.

b) Es muß der Mengenindex errechnet werden.

$$= \frac{(75.000 \cdot 19) + (110.000 \cdot 25) + (17.600 \cdot 46) + (14.500 \cdot 60)}{(80.000 \cdot 19) + (100.000 \cdot 25) + (20.000 \cdot 46) + (15.000 \cdot 60)} \cdot 100$$

$$= \frac{5.854.600}{5.840.000} \cdot 100$$

$$= 100{,}25\ \%$$

Der reale Umsatzzuwachs beträgt somit 0,25 %.

c) Preisindex für 1998 (Basis 1997):

$$= \frac{(20 \cdot 80.000) + (25 \cdot 100.000) + (50 \cdot 20.000) + (60 \cdot 15.000)}{(19 \cdot 80.000) + (25 \cdot 100.000) + (46 \cdot 20.000) + (60 \cdot 15.000)} \cdot 100$$

$$= \frac{6.000.000}{5.840.000} \cdot 100$$

$$= 102{,}74\ \%$$

d) Zum Beispiel: Umsatz je qm Verkaufsfläche 2002:   3.000 EUR
   oder: Umsatz je Mitarbeiter 2002:   150.000 EUR
   Viele andere Möglichkeiten sind zulässig.

e) Wählt man einen niedrigeren Wert (z.B. Krisenjahr) als Ausgangsbasis, so kann z.B. der Erfolg der neuen Geschäftsleitung besser dargestellt werden. Ein besonders erfolgreicher Wert kann herangezogen werden, um einen Rückgang besonders drastisch darzulegen.

- Nimmt man als Basis den Durchschnittsumsatz des Fachverbandes: 25 % weniger Umsatz des eigenen Unternehmens gegenüber dem Fachverband
- Nimmt man als Basis den eigenen Umsatz: 33 % mehr Umsatz im Fachverband als im eigenen Unternehmen.

Auch andere Beispiele sind möglich.

Absatz

Antwortensatz I / Teil 1

1. Artikel die überwiegend aus Gewohnheit gekauft werden, plaziert man an weniger auffälligen Stellen und in den hinteren Teilen des Ladens. Artikel, die zu Impulskäufen anregen sollen, werden an bevorzugten Plätzen und für den Verbraucher gut sichtbar präsentiert (z.B. rechts der Laufrichtung, Kassenzone, Sichthöhe im Regal)

2. **Direkte Befragung:** Hier werden Kunden direkt zu ihrer Meinung über das Unternehmen befragt.

   Assoziationstest: Der zu befragenden Person werden Firmennamen genannt, die sie mit entsprechenden Vorstellungsinhalten (z.B. Qualität, Preiswürdigkeit usw.) verbinden soll.

   Polaritätsprofil: Bei dieser Methode werden Gegensatzpaare (z.B. modern / altmodisch) vorgegeben. Die zu befragende Person soll nun mittels einer Skalierung bewerten inwieweit eher der eine oder der andere Begriff zutrifft. Aus den Antworten wird ein Profil erstellt.

   Zuordnungstest: Die zu befragende Person vergibt dabei Punkte für vorgegebene Merkmale wie z.B. Auswahl im Sortiment, Preise usw. Die Auswertung erfolgt als arithmetisches Mittel der Antworten.

3. Grundnutzen ist der mit dem Produkt unmittelbar verbundene „technische" Nutzen: Beispiel: Ein Kleidungsstück schützt und wärmt. Der Zusatznutzen ist der darüber hinausgehende psychologische Nutzen: Beispiel: Das Kleidungsstück schmückt, hebt die Persönlichkeit heraus, gibt Prestigewert usw.

4. Ein Testmarkt ist ein lokal oder regional relativ abgeschlossener Markt, der von seiner Struktur her möglichst repräsentativ für die Gesamtmarktsituation sein soll. Früher war dies West-Berlin.

   Gründe für die Durchführung von Markttests:
   - Prüfung, ob ein Produkt marktreif ist

Absatz - Antworten

- Bei mangelnder Marktreife können Flops schnell erkannt und zurückgenommen bzw. durch Verbesserung zur Marktreife geführt werden.

5. Garantiekarten, Hauszustellungen, Bestellungen, Auswahlsendungen, Kreditverkäufe, Scheckzahlungen, Kundendienstleistungen / Reparaturen, Geschenkgutscheine, Couponanzeigen mit Verlosung usw.

6. **A** = Attention: Aufmerksamkeit erregen
   I = Interest: Interesse wecken
   D = Desire: Den Kaufwunsch auslösen
   A = Action: Die Aktion, den Kauf bewirken

7. Wenn mehrere große Anbieter eines Produkts den Markt beherrschen, so bilden sie ein Teiloligopol. Kleinere Unternehmen, die auf dem gleichen Markt tätig sind, sind gezwungen, sich dem großen Preisführer weitgehend anzupassen. Der Kleine bildet also seine Preise im „Windschatten" der Konkurrenz.

8. Die angesprochene Zielgruppe sollte eine Werbung stets wiedererkennen. Hierzu dient eine Werbekonstante, also ein immer wieder erscheinendes Merkmal der Werbung. Dies können sein:

- zugkräftiger Slogan, Schlagzeile
- auffälliges Bildelement
- wiederkehrender Hinweis auf das Sortiment
- Hinweis auf den Service
- charakteristischer Schriftzug und Name der Firma
- besondere Gestaltungselemente wie Schrifttyp, Farbe, Layout, Rahmen usw.

Diese Werbekonstante sollte grundsätzlich in allen Werbemitteln wiederkehren.

9. Ziel der Public Relations ist es, eine positive Grundeinstellung der Öffentlichkeit gegenüber dem Handelsunternehmen zu erzeugen und wachzuhalten.

Beispiele für PR-Aktionen im Handel:

- Geld- und Sachspenden für öffentliche Einrichtungen
- Übernahme von Patenschaften z.B. für öffentliche Anlagen, Tierparks usw.
- besondere Maßnahmen für den Umweltschutz
- regelmäßige Presseinformationen und Pressegespräche
- Sponsoring von Sportvereinen oder sportlichen und ähnlichen Veranstaltungen
- Teilnahme an örtlichen Wettbewerben (z.B. Fassadenerneuerung usw.)

10. Es handelt sich um eine bezugnehmende Werbung, die geeignet ist, die erkennbaren Mitbewerber zu diskriminieren. Damit verstößt sie gegen § 1 UWG. Außerdem dürfte die Aussage irreführend gem. § 3 UWG sein, da es kaum realistisch ist, anzunehmen, daß Müller bei allen Produkten und immer preisgünstiger ist als seine Mitbewerber.

11. Der Werbende muß im Hinblick auf Umsatz, Sortiment, Auswahl, Größe der Verkaufsräume und Mitarbeiter einen **erheblichen und dauerhaften** Vorsprung vor seinen relevanten Mitbewerbern einnehmen.

12. Z.B. **Ansprechen von Passanten auf der Straße:**
Wettbewerbswidrig, da sich aufgrund der Aufdringlichkeit der Werbemaßnahme der Verbraucher nicht nach objektiven Kriterien entscheidet. Er kauft vielmehr, weil er der Belästigung entgehen will.

Telefonische Werbung:
Hier gilt eine ähnliche Begründung. Außerdem hat der Verbraucher das Telefon für private Zwecke angeschafft, nicht deshalb, um jedem Werbetreibenden einen Zugang zu ihm zu verschaffen.

Antwortensatz I / Teil 2

Thema 1

Diversifikation ist die Aufnahme neuer Teilsortimente und das Angebot bisher nicht üblicher Dienstleistungen, die entweder den gleichen Kundenkreis oder aber neue Märkte aktivieren sollen. Sie zielt darauf ab, daß Umsatz und Gewinn aus einer Vielzahl von Quellen stammen, deren Veränderungen einander möglichst wenig berühren (Ziel: Risikostreuung).

Man unterscheidet drei Formen der Diversifikation:

a) **Horizontale Diversifikation:** Hier werden die Zusatzgeschäfte mit wachstumsstarken Sortimenten bzw. Dienstleistungen dem bisherigen Kundenkreis angeboten.

   Beispiele:
   - Kaffeehandel erweitert sein Angebot um Kaffeeservice, (z.B. Kochbücher, Freizeitartikel)
   - Warenhäuser bieten Reiseservice, Schlüsseldienste, Schuhreparaturen
   - Heizölhandel bietet Heizungsanlagen und Wartungsdienste an.

b) **Vertikale Diversifikation:** Neue Märkte bzw. Kunden werden dadurch erschlossen, daß man auf der vor- oder nachgelagerten Stufe tätig wird.

   Beispiel:
   - Eine Kleiderfabrik übernimmt einen Garnproduzenten und einen Tuchweber und eröffnet eine eigene Ladenkette (Benetton).

c) **Laterale Diversifikation:** Zwischen bisherigen und den neuen Interessen des Unternehmens besteht kein sachlicher Zusammenhang. Die Geschäftspolitik konzentriert sich auf Konzernbildung unter Einfluß gewinnbringender, wachstumsorientierter Branchen. Sie zielt damit auf eine optimale Risikostreuung ab.

   Beispiele:
   - Schickedanzgruppe (Versandhandel, früher auch Papiererzeugung, Biererzeugung usw.)
   - Oetker-Konzern (Nahrungsmittel, Reederei, Versicherungen)

Thema 2

Diese Werbung ist in mehrfacher Hinsicht unzulässig.

Auch nach dem Fall der Sonderveranstaltungsregelung des früheren UWG ist eine Werbung unzulässig, die den Verbraucher in besonderer Weise unter Druck setzt. Durch die kurze Beschränkung des Vorteils auf fünf Stunden kann der Kunde zum Kauf veranlasst werden, ohne kritisch wie sonst die einzelnen Angebote gegeneinander abzuwägen, nur, um damit die besondere Chance nicht zu verpassen. Auch die Zugabe eines Schals stellt in diesem Falle einen zeitlich befristeten Preisvorteil dar.

Der Hinweis: „kostenlos" ist irreführend und verstößt gegen § 5 UWG. Denn die Zugabe ist ja nicht kostenlos, ihr Preis ist in den Preis der Hauptware einkalkuliert.

Schließlich entsteht ein psychologischer Kaufzwang. Der Besucher, der sich gegen Hingabe der Anzeige ein Los an der Kasse abholt, wird sich häufig genötigt fühlen, wenigstens irgend etwas zu kaufen.

Text des Abmahnschreibens:

„In der X-Zeitung vom ... werben Sie wie folgt:

‚...'

Diese Werbung ist wettbewerbswidrig.

Gemäß §§ 3 und 4 UWG handelt es sich bei der Ankündigung eines „Großen Mantelsonntags" um eine Werbung, die den Kunden durch die sehr kurze Dauer der Veranstaltung in unangemessener Weise unter Druck setzt. Die Ankündigung eins „gratis" gewährten Schals ist irreführend und verstößt gegen §5 UWG. Schließlich entsteht für denjenigen Besucher, der gegen Hingabe der Anzeige ein Los erhält, ein psychologischer Kaufzwang. Dies widerspricht § 3 UWG.

Sie können folglich auf Unterlassung in Anspruch genommen werden. Wir bitten Sie, uns binnen einer Frist von drei Tagen folgende Unterlassungserklärung schriftlich abzugeben:

‚Die Firma ... verpflichtet sich gegenüber ..., künftig bei Meidung einer Vertragsstrafe in Höhe von 5.300 EUR für jeden Einzelfall der Zuwiderhandlung unter Ausschluß der Einwendung des Fortsetzungszusammenhanges, es zu unterlassen:

a) Einen mit der Herausstellung eines 20 %igen Preisvorteils verbundenen großen Mantelsonntag mit nur fünf Stunden Dauer anzukündigen,

b) eine Zugabe in Form eines Schals beim Kauf eines Mantels als „kostenlos" anzukündigen,

c) Kunden in der Form zur Teilnahme an einem Preisausschreiben zu animieren, daß sie eine Anzeige an der Kasse abgeben müssen.'

Absatz

Antwortensatz II / Teil 1

1. Handelsmarken sind Produkte, die nicht das Herstellerlabel sondern eine vom Handelsunternehmen festgelegte Bezeichnung wie „Ja" von Rewe oder „Privileg" von Quelle. Diese Produkte können durchaus baugleich mit Markengeräten sein.

   Der Handel kann sich mit solchen Handelmarken gegenüber Mitbewerbern profilieren, Kunden an sich binden und oftmals auch einen preispolitischen Spielraum gewinnen, da diese Handelsmarke nur bei dem einen Handelsunternehmen erhältlich ist.

2. Das **Randomverfahren** ist ein zufallsgesteuertes Auswahlverfahren. Dabei ist die Wahrscheinlichkeit, in die Stichprobe zu kommen, für jedes Element gleich groß.

   Beim **Quotenverfahren** wird die zu befragende Personengruppe hinsichtlich gemeinsamer äußerer Merkmale (z.B. Alter, Geschlecht, Bildungsgrad, Beruf usw.) sehr genau festgelegt. Es erfolgt also eine sehr bewußte Auswahl.

   Das **Konzentrationsprinzip** bedeutet eine bewußte Auswahl der zu befragenden Personen nach einem signifikanten Merkmal. So könnte man sich bei einer Untersuchung des Verbraucherverhaltens z.B. auf die umsatzstärksten Kunden konzentrieren und deren Stichprobenergebnisse auf die Gesamtheit hochrechnen.

3. Als Panel bezeichnet man eine zahlenmäßig fest umrissene Gruppe von Personen oder Betrieben, die in einem bestimmten zeitlichen Rhythmus wiederholt befragt bzw. beobachtet wird. Das Panel zeigt Veränderungen auf und macht Entwicklungen und Trends erkennbar.

   Probleme des Panels:
   - die Panelsterblichkeit
   - Teilnahmeverweigerung bei oberen sozialen Schichten

- der Paneleffekt (man verhält sich anders, als wenn man nicht an der Stichprobe teilnimmt)
- Overreporting (der Verbraucher gibt z.B. den Einkauf von französischem Cognac statt eines billigen Weinbrands an)

4. Die Sortimentspolitik soll dazu beitragen, möglichst erfolgreiche Leistungszahlen wie Umsatz, Lagerumschlag, Rentabilität, Liquidität, Umsatz pro qm, Umsatz pro Mitarbeiter usw. zu erreichen.

    Sie soll auch dazu beitragen, ein bestimmtes Image beim Kunden aufzubauen. (Das Haus mit der großen Auswahl ...)

    Die Sortimentspolitik dient in allererster Linie dazu, sich gegenüber den Mitbewerbern zu profilieren und abzugrenzen, damit der Kunde das eigene Geschäft bevorzugt.

5. - Kundenmerkmale wie Name, Anschrift, Telefonnummer, Familienstand, Beruf, Geburtsdatum, Hobbys, Anzahl und Alter der Kinder usw.
   - Alle geschäftlichen Kontakte mit dem Kunden wie Werbekontakte bei Direktwerbung oder Käufe des Kunden im Betrieb.

6. **Marktpotential:** Das größtmögliche an einen Standort bindungsfähige Potential an Ausgaben.

    Marktvolumen: Die tatsächlich an einen Standort gebundenen Ausgaben.

    Marktanteil: Der Anteil vom Marktvolumen, den ein Unternehmen an sich binden kann.

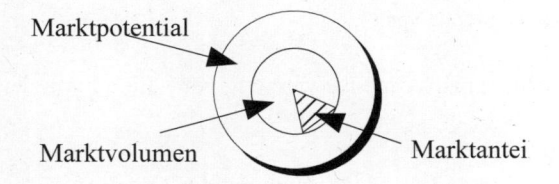

7. Marktsegmente sind in sich möglichst homogene Zielgruppen, die durch gemeinsame äußere Merkmale oder Einstellungen gekennzeichnet sind. Kriterien für eine Segmentierung können sein:

    - geographische Kriterien (nach Ländern, Landkreisen, Städten usw.)

- demographische Kriterien (nach Geschlecht, Alter, Familienstand, Haushaltsgröße, Ausbildung usw.)
- psychologische Kriterien (Segmentierung nach Umweltbezug, soziale Haltung, politische Haltung, Rolleneinstellungen usw.).

8. a) **Gemeinschaftswerbung:**
   Branchengleiche, konkurrierende Firmen schließen sich zusammen, um gemeinschaftlich für ihre Belange zu werben. Es wird keine Firma einzeln herausgestellt.

   Beispiel:
   Eine Anzeige, mit der die Fachhändler den Kunden dazu aufrufen, den Fachhandelsservice zu nutzen und sein Auto nicht irgendwo in einer Garage reparieren zu lassen.

   b) **Sammelwerbung:**
   Wird von mehreren branchengleichen Unternehmen durchgeführt; Namen bzw. Sortimente der Firmen werden dabei genannt.

   Beispiel:
   Sie werben gemeinsam mit den anderen Vertragshändlern der gleichen Automarke für das neue Modell.

   c) **Verbundwerbung:**
   Hier finden sich mehrere Anbieter verschiedener nicht konkurrierender Leistungen zusammen. Die Gemeinsamkeit besteht häufig aus dem gleichen Standort.

   Beispiel:
   „Würzburg macht Spaß".

9. a) Es liegt eine unzulässige Faxwerbung vor – Eine Form der belästigenden Werbung.

   b) Verstoß gegen §1 UWG: Werbung mit der Angst.

10. Derartige Mischanzeigen, die Waren verschiedener Beschaffenheit anbieten, sind nur dann zulässig, wenn tatsächlich zu den genannten Mindestpreisen Waren aller angekündigten Gattungen in angemessener Menge vor-

handen sind. Der Kaufmann hat jedoch einen Skistiefel für 120 EUR nicht auf Lager. Die Werbung ist irreführend gemäß § 3 UWG.

11. a) Es wird mit einer Ware geworben, die dem Werbenden nicht zur Verfügung steht.

b) Es wird mit einer Ware geworben, die dem Werbenden nur in unzureichenden Mengen zur Verfügung steht.

c) Es wird mit der besonders günstigen Preisstellung einer oder mehrerer Waren geworben und damit zu unrecht der Eindruck hervorgerufen, daß auch das übrige Warensortiment des Werbenden ähnlich preisgünstig gestaltet ist.

12. Es handelt sich hier um ein Nachschieben von Waren. Dies war nach dem früheren Recht verboten. Nach dem Fortfall dieser Bestimmungen aus dem UWG ist das Nachschieben nicht zu beanstanden.

Antwortensatz II / Teil 2

Thema 1

a) **Absatzpolitische Instrumente eines Fachgeschäftes in der City:**

Schwerpunkt liegt bei der Sortimentspolitik:
Tiefes Sortiment, das im allgemeinen qualitativ sehr hochwertig ist und vom Käufer gesucht wird - hieraus ergeben sich Konsequenzen für das Instrument der Verkaufsförderung. Geschultes, qualifiziertes und gut beratendes und informierendes Verkaufspersonal ist notwendig. Zur Verkaufsförderung gehört auch eine recht anspruchsvolle Ausstattung des Geschäfts (gepflegte Atmosphäre).

Preispolitik:
Das hochwertige Sortiment erfordert eine entsprechende Preispolitik („Qualität hat ihren Preis"). Die Personalkosten des gut geschulten Verkäufers schlagen sich ebenso auf den Preis nieder wie die Miete des teuren Standorts in der City. Auch kommt hinzu, daß je nach Exklusivität des Fachgeschäfts ganz bestimmte Zielgruppen (mittlere bis hohe Einkommensschichten), die mehr Wert auf Qualität als auf Quantität legen, hier einkaufen. Diese sind unter Umständen auch bereit, relativ höhere Preise zu zahlen. Trend zur Niedrigpreispolitik selten, sieht man von Lockvogelangeboten ab (nicht der Regelfall).

Werbung - bevorzugte Werbeträger:
Schaufenster (auf das Image des Fachgeschäfts oft zugeschnitten) sowie Tageszeitung. Um sich von Konkurrenz zu unterscheiden, wird oft versucht, eine Werbekonstante einzubauen (z.B. „Kauf was Gutes, geh zu ... " oder „L. Beck am Rathauseck" oder „... nur ein Katzensprung vom Marienplatz").

Kundendienst:
Nicht nur technischer Kundendienst (Garantiebedingungen, Reparaturen, Änderungen), sondern auch kaufmännischer (Zustellung frei Haus usw. einschl. Aufstellen von Gebrauchsgütern).

b) **Absatzpolitische Instrumente eines SB-Warenhauses:**

Schwerpunkt im allgemeinen auf einem **breiten, flachen Sortiment**, das größtenteils problemlos und nicht beratungsintensiv ist.

Konsequenz für **Preispolitik:**
Ein solches Sortiment erfordert im Regelfall kaum geschultes, qualifiziertes Fachverkaufspersonal, folglich können Preise niedrig gehalten werden. Niedrigpreispolitik auch möglich, da absolut weniger Personal notwendig ist - vorwiegend SB, wenig Bedienung. Auch simple Ausstattung der Verkaufsräume durch Standort (niedrigere Mieten als in der City), Einsparung von Lagerräumen (Verkaufsraum = Lagerraum), oft Einsparung auch durch Rack-Jobber-Methode. Häufig Prinzip der Mischkalkulation (Lockvogelangebote werden durch andere höhere Preise aufgefangen).

Verkaufsförderung:
Schwerpunkt liegt hier auf Produktplazierung und Verlauf der Kundenwege (folglich findet man Lockvogelangebote nicht gleich am Eingang), wenig Beratung aus o. g. Gründen.

Werbeträger:
Im allgemeinen nur Tageszeitungen, allerdings überdimensional groß („Klotzen statt kleckern"), evtl. noch Regionalanzeiger und Handzettelwerbung. Schwerpunkt der Werbung: Hinweis auf Niedrigpreise.

Als Käuferkreis wird primär die motorisierte Zielgruppe angesprochen, die durch o.a. Verkaufsförderung auch zum Einkauf in größeren Mengen veranlaßt wird (da per Auto), keine mengenmäßige Beschränkung erforderlich wegen Kofferraum. Zielgruppe - insbesondere beim Kauf von Gebrauchsgütern - ist auch im allgemeinen eine andere, als diejenigen, die im Fachgeschäft in der City kaufen. Die Zielgruppe legt insbesondere beim Kauf von Gebrauchsgütern nicht immer allergrößten Wert auf Qualität.

Kundendienst:
Verzicht auf technischen Kundendienst (Installation von Geräten usw.). Hohes Angebot an selbständigen Dienstleistungen (Tankstelle und Reifendienst für die motorisierte Zielgruppe, Reinigung usw.) um die Verweildauer zu vergrößern.

Thema 2

Diese Werbung verstößt in mehrfacher Hinsicht gegen das UWG.

Die Aussage: „Alu-Türen verschenkt" ist eine blickfangmäßige Irreführung. Sie verstößt gegen § 5 UWG, da die Türen natürlich nicht verschenkt werden.

Der Hinweis auf „25% Winterrabatt nur heute" stellt einen Verstoß gegen § 3,4 UWG dar. Hier liegt übermäßiges Anlocken vor, zumal der Verbraucher erwartet, zusammen mit dem Sondernachlaß einen Preisvorteil von bis zu 75% zu bekommen.

Die Werbung „Sonntag offene Tür" und die Durchführung von derartigen Veranstaltungen stellen einen Verstoß gegen § 3 des Ladenschlußgesetzes dar, weil Verkaufsstellen an Sonntagen geschlossen sein müssen. Reine Ausstellungsveranstaltungen sind zwar zulässig, müssen aber gekennzeichnet sein „ohne Beratung und Verkauf."

Die Werbung „andere sind preiswert, wir sind billiger", „viele sind gut, wir sind besser" stellt einen Verstoß gegen § 6 UWG dar, da die Mitbewerber unnötigerweise herabgesetzt werden. Im übrigen stellt die Werbung einen Verstoß gegen § 5 UWG dar, weil sie irreführend ist. Die allgemeine Behauptung, das werbende Unternehmen sei gegenüber allen Mitbewerbern billiger und besser, ist sicherlich unzutreffend. Nach der Rechtsprechung hat die Beweislast dafür, daß wider alle Erwartungen die Angaben zutreffend sind, der Werbende selbst. Dieser Beweis kann aber nicht gelingen.

Absatz

Antwortensatz III / Teil 1

1. Möglichkeiten der Werbeerfolgskontrolle:
   - bei Werbebriefen oder Couponanzeigen Rücklauf zählen
   - Zählen der Kunden vor und während einer Aktion
   - Überprüfen des Durchschnittswertes des Kassenbons vor, während und nach einer Aktion
   - Erstellen einer warengruppenbezogenen laufenden Übersicht von Umsätzen, Roherträgen und Deckungsbeiträgen pro qm

2. Beobachten,
   - ob nach Schaufensterneugestaltung (neue) Kunden das Geschäft betreten,
   - ob nach Produktplazierung mehr / weniger gekauft wird,
   - ob nach gezielten Werbemaßnahmen in der Zeitung ein größerer Kundenzulauf zu registrieren ist,
   - wie Kunden auf Preisänderungen reagieren,
   - wo der Kunde verweilt, wie lange,
   - wohin er im Laden sieht,
   - wohin er im Regal greift.

3. Eine Omnibusbefragung wird über mehrere Themen für verschiedene Auftraggeber durchgeführt. Der einzelne Auftraggeber hängt sich also an die Befragung an.

   Beispiel: Ein Autohaus fragt nach Kaufgewohnheiten, ein Kreditinstitut nach Finanzierungswünschen.

4. - technischer Kundendienst (z.B. Reparatur)
   - kaufmännischer Kundendienst (z.B. Parkplatz, Zustellservice)
   - selbständige Dienstleistungen (z.B. Schlüsseldienst, Restaurant)

5. Bei der Sekundärforschung (Schreibtischforschung) werden Informationsmaterialien verwendet, die ursprünglich nicht für diesen Zweck erhoben wurden.

Beispiele für außerbetriebliche Informationsquellen: Statistische Ämter, Städte, Gemeinden, Verbände, Kammern, Verlage, Fachzeitschriften, Kölner Betriebsvergleich usw.

6.
   - Die Marktform, in der sich der Wettbewerb abspielt
   - Elastizität der Nachfrage
   - Knappheitsgrad der Produkte
   - Qualität der Produkte
   - Kosten des Anbieters

7.
   - Wenn eine persönliche Ansprache erfolgversprechend ist.
   - Wenn eine Anzeige zu hohe Streuverluste erwarten läßt, insbesondere bei großem Einzugsgebiet.
   - Wenn eine speziell angebotene Ware für einen ausgewählten Kundenkreis geeignet ist.
   - Wenn eine umfangreiche Produkterläuterung erforderlich ist.

8. **Unterschreiten runder Preise:**
   Ein runder Preis von z.B. 1 EUR wird unterschritten durch einen Verkaufspreis von 95 Pfennig oder ein solcher von 10.000 EUR durch einen Verkaufspreis von 9.900 EUR. Die Ware erscheint damit optisch billiger.

   Unterschreiten von Preisschwellen:
   Die meisten Verbraucher haben in Verbindung mit bestimmten Produkten klare Preisvorstellungen, die einer quasi Preisschwelle gleichzusetzen sind. Der Kaufmann versucht diese Preisschwelle zu unterschreiten, um seine Preisleistung zu demonstrieren.

   „Sonderangebot":
   Markante Preisnennungen in Verbindung mit dem Wort „Sonderangebot" bewirken beim Verbraucher eine Atmosphäre der Spannung, womöglich einen begrenzten Preisvorteil nicht nutzen zu können. So lassen sich Impulskäufe fördern.

9. Die Zusendung unbestellter Ware ist wettbewerbswidrig. Der Empfänger solcher Sendungen wird nämlich in die Zwangslage gebracht, die Ware anzunehmen, auszupacken und zu prüfen.

Auch besteht oft Unkenntnis darüber, ob eine Verpflichtung zur Abnahme besteht oder ob die Ware aufbewahrt oder zurückgesendet werden muß. Zur Vermeidung von Ärger wird vielfach die unbestellte Ware bezahlt. Dies widerspricht dem Leistungswettbewerb und damit dem § 1 UWG.

10. Ja, im Rahmen der vergleichenden Werbung sind auch Preisvergleiche zulässig, wenn sie den anderen nicht diskriminieren oder nicht einer der anderen Ausnahmefälle vorliegt.

11. Hier liegt eine zulässige Zugabe vor. Die alte Zugabeverordnung hatte diese noch unterbunden. Jetzt sind Zugaben grundsätzlich zulässig.

12. Wurst kann keine Vorsteuer geltend machen, weil eine Vorsteuer nicht gesondert ausgewiesen ist, ein Steuersatz nicht eingetragen wurde und im übrigen auch der Betrag von 100 EUR (Kleinbetragsregel) überschritten wird.

Antwortensatz III / Teil 2

<u>Thema 1</u>

1. **Marktforschung**
   - Möglichst umfassende Analyse der Zielgruppe Jugendliche unter Berücksichtigung der Standortbedingungen (kleinstädtisch!)
   - Adressenkartei erstellen (evtl. Einbeziehung der Eltern)

2. **Strukturpolitik**

   Die vorzuschlagenden Maßnahmen im Rahmen der Standort- und Distributionspolitik werden bei den Bereichen Leistungs- und Kommunikationspolitik mit erfaßt.

3. **Leistungspolitik**

   a) Sortimentspolitik
   - Mittels Sortimentsanalyse bestimmen, auf welche Artikel des bisherigen Sortiments verzichtet werden kann (Sortimentsbereinigung!) - Renner und Penner!
   - Grundsätzlich aber Stärkung des Bereiches „Junge Mode" durch Hereinnahme von „In-Marken" und Accessoires, Jeans, T-Shirts usw. (bei weitgehendem Verzicht auf Avantgarde)
   - Evtl. Sport- und Freizeit-Mode hereinnehmen
   - Plazierung der neuen Sortimente als „shop in the shop" möglichst mit Vorwahl oder Teil-SB und Einsatz junger Mitarbeiter in dieser Abteilung
   - Falls möglich, sollte für die neuen Sortimente ein eigenständiger Standort gewählt werden durch Anmietung, Kauf eines weiteren Ladenlokals in dieser Stadt. Damit könnte eine Kollision mit eher konservativen Kunden vermieden werden.
   - Im Shop oder der neuen Niederlassung Bedarfsbündelung forcieren

   b) Preispolitik
   - Neue Sortimente eher im mittelpreisigen Segment ansiedeln (Markenartikel)

- Sonderaktionen bei Accessoires, T-Shirts usw., aber keine Discount-Preise wie „superbillig" usw.

c) Servicepolitik
- Fachgerechte Beratung auf Wunsch durch junge Mitarbeiter mit Feeling für Trends
- Evtl. Kauf auf Probe anbieten (Rückgaberecht)
- Geschenkgutscheine (Eltern ansprechen)
- Anzahlung und Ware zurücklegen (Taschengeld-§)

4. **Kommunikationspolitik**

a) Handelswerbung
- Schaufenstergestaltung durch ein Extrafenster auf die Zielgruppe abstimmen
- Anzeigen in Schülerzeitungen, Vereinsblättern, regionalen Anzeigenblättern usw. schalten
- Direktwerbung mit Eröffnungsankündigung
- Handzettel vor Schulen, Berufsschulen usw. verteilen
- Geburtstagsgrüße per Direktwerbung mit kleinem Geschenk
- Extra-Trageaschen für Jugendliche aus strapazierfähigem, dauerhaftem Material mit künstlerischer Gestaltung

b) Öffentlichkeitsarbeit (PR)
- Umweltfreundliche Tragetüte (s.o.)
- Spenden bzw. Patenschaften für soziale Randgruppen
- Unterstützung örtlicher Vereine, Jugendgruppen, Jugendveranstaltungen
- Unterstützung von Umweltschutzmaßnahmen

c) Verkaufsförderung (SP)
- Eröffnungsfeier evtl. als Disco-Party
- Modenschau in Kooperation mit örtlichen Fachhändlern (z.B. Schuhe)
- Wettbewerb zur Schaufenstergestaltung durch Jugendliche
- Autogrammstunde
- Tee-Ausschank
- Preisausschreiben zu modischen Trends

- Evtl. Zweirad-Schau (Moped, Motorroller, Motorräder) unter Einbeziehung entsprechender Kleidung mit örtlichem Händler gemeinsam veranstalten
- Modeprinzessin küren (Jugendliche als Jury)

Thema 2

§ 3 UWG: „Unlautere Wettbewerbshandlungen, die geeignet sind, den Wettbewerb zum Nachteil der Mitbewerber, der Verbraucher oder der sonstigen Marktteilnehmer nicht unerheblich zu verfälschen, sind unzulässig."

Nach Auffassung des BGH ist unlauter (früher hieß es „sittenwidrig"), was dem Anstandsgefühl eines verständigen Durchschnittsgewerbetreibenden zuwiderläuft. Gefördert werden soll der Leistungswettbewerb. Darunter versteht man jenen Wettbewerb, bei dem der Absatz allein durch die eigene Leistung (Qualität der Ware, Qualität der Dienstleistungen, Preiswürdigkeit usw.) gefördert wird.

Gegen die Forderung des lauteren Wettbewerbs verstößt somit alles, was den freien Leistungswettbewerb verfälscht oder ausschließt. Ob eine konkrete Wettbewerbshandlung unlauter ist, kann nur aufgrund aller Umstände des Einzelfalles beurteilt werden.

Beispiele einer unlauteren Werbung (s. hierzu auch § 4 UWG):

1. Druck, unsachlicher Einluß
2. Ausnutzung von geschäftlicher Unerfahrenheit, insbesondere von Kindern und Jugendlichen, Leichtgläubigkeit, Angst oder einer Zwangslage von Verbrauchern
3. Verschleiern des Werbecharakters einer Wettbewerbshandlung
4. Wenn die Bedingungen für die Inanspruchnahme von Preisvorteilen nicht klar und eindeutig angegeben werden
5. Wenn bei Gewinnspielen die Teilnahmebedingungen nicht klar und eindeutig angegeben werden
6. Wenn bei Gewinnspielen die Teilnahme vom Kauf abhängig gemacht wird

7. Herabsetzung von Mitbewerbern
8. Rufschädigung gegenüber Mitbewerbern
9. Anbieten von Nachahmungen
10. Gezieltes Behindern von Mitbewerbern
11. Verstoß gegen wertneutrale Vorschriften (zB Preisangabenverordnung)
12. Preisunterbietungen sind grundsätzlich erlaubt, jedoch dann sittenwidrig, wenn sie fortgesetzt und planmäßig erfolgen, um einen Mitbewerber vom Markt auszuschalten (Vernichtungswettbewerb).
13. Das Abwerben von Kunden ist grundsätzlich erlaubt. Es ist dann sittenwidrig, wenn besondere belästigende Umstände hinzukommen, z.B. Ansprechen auf der Straße usw.
14. Das Abwerben von Angestellten ist grundsätzlich erlaubt. Sittenwidrig wird es jedoch z.B. dann, wenn der Arbeitnehmer im Geschäft aufgesucht oder angerufen wird, oder wenn er zum Vertragsbruch verleitet wird.

Absatz

Antwortensatz IV / Teil 1

1.

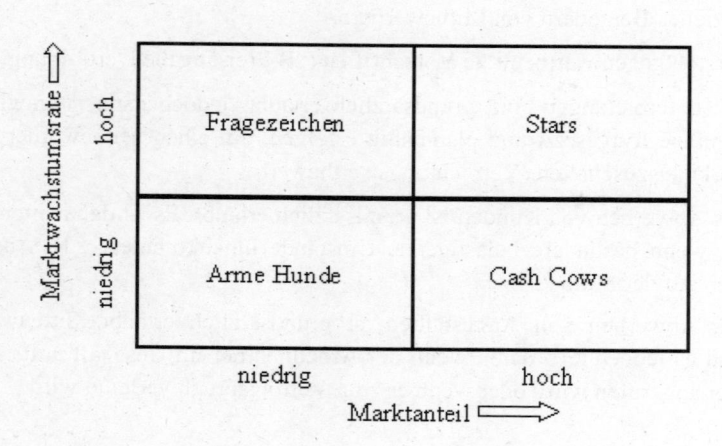

```
             ┌─────────────────┬─────────────────┐
         hoch│                 │                 │
Markt-       │   Fragezeichen  │      Stars      │
wachstums-   │                 │                 │
rate ↑       ├─────────────────┼─────────────────┤
       niedrig                 │                 │
             │   Arme Hunde    │    Cash Cows    │
             │                 │                 │
             └─────────────────┴─────────────────┘
                  niedrig            hoch
                        Marktanteil ⟹
```

2. **Produkttreue** ist zu verstehen als Bevorzugung bestimmter Produkte bzw. Artikel vor anderen, z.B. Papiertaschentücher vor Stofftaschentüchern.

   Markentreue ist zu verstehen als Bevorzugung von ganz bestimmten Marken innerhalb einer Artikelgruppe, z.B. „Tempo" bei Papiertaschentüchern.

   Auf die Sortimentsgestaltung wirkt sich Markentreue insofern aus, als diese Marken zu „Muß-Artikeln" im Sortiment werden. Je geringer die Markentreue, desto stärker ist meist die Produkttreue und desto flexibler ist die Sortimentsgestaltung des Handels.

3. • Sportsponsoring: z.B. Fördern regionaler Fußballclubs
   • Kultursponsoring: z.B. Förderung des Stadttheaters

4. **Räumliche Reichweite:**
   Hierunter versteht man die Verbreitung in bestimmten geographischen Räumen, z.B. ZDF mit nationaler, Hörfunk mit regionaler und Filmtheater mit lokaler Reichweite.

Quantitative Reichweite:
Hier kommt es auf das Erreichen eines möglichst großen Teils der Bevölkerung im Verbreitungsgebiet des Werbeträgers an, z.B. die Anzahl der von einer Zeitung oder einer Zeitschrift erreichten Leser.

Qualitative Reichweite:
Hier geht es um die Frage, ob z.B. die Leserstruktur einer Zeitung oder Zeitschrift identisch ist mit der Zielgruppenstruktur des werbenden Unternehmens.

5. **Pull-Marketing:**
Der Hersteller versucht, z.B. durch massive Werbung beim Verbraucher eine Sogwirkung für seine Artikel zu erzeugen, so daß der Handel gar nicht anders kann, als diese Ware zu ordern.
Typische Beispiele: Luxusartikel, Top – Marken

Push- Marketing:
Mit speziellen Verkaufsförderungsaktionen wird der Handel dazu bewogen, große Mengen eines Produktes zu ordern. Der Handel wird dann seinerseits mit besonderen Aktionen den Abverkauf fördern.
Typische Beispiele: Massengüter wie Waschmittel, Postenware

Vertikales Marketing:
Enge Kooperation zwischen Hersteller und Handel, abgestimmtes Marketing zwischen beiden Partnern.
Typisch: Franchise-Modelle, Vertragshändler-Systeme

6. **Versorgungskauf:**
Gilt vor allem bei beratungsfreien Gütern des täglichen Bedarfs. Der Käufer will hier den Einkauf möglichst rationell abwickeln.

Erlebniskauf:
Hier geht es um beratungsintensive Güter, überwiegend des mittel- und langfristigen Bedarfs. Erlebnisqualität und Emotionalität spielen dabei eine besonders große Rolle.

7. Das Verhalten des Verkaufspersonals beeinflußt nicht nur das Kundenverhalten, sondern auch die Kundenmeinung und damit das Image des Unternehmens. Wenn die Kunden das Personal positiv beurteilen, beeinflußt dies

auch ihre Einstellung zu dem Unternehmen (Irradiationseffekt), d.h. das Urteil über eine Teilleistung prägt das Urteil über die Gesamtleistung.

8. Zur Erhebung des Unternehmens-Images mittels eines Polaritätenprofils wird eine Reihe von gegensätzlichen, für das Image wichtigen Begriffspaaren mit einer Skalierung aufgestellt. Bei der Wahl der Skalierung hat sich die siebenteilige Skalierung bewährt. Der Befragte wird gebeten, die entsprechende Firma zu den polaren Begriffen in Beziehung zu setzen. Die gegebenen Antworten werden anschließend von oben nach unten mittels Linien vebunden, wodurch ein ensprechendes Imageprofil entsteht.

	3	2	1	0	1	2	3	
	trifft voll zu	trifft zu	trifft weniger zu	weder noch	trifft weniger zu	trifft zu	trifft voll zu	
klein						O		groß
modern		O						altmodisch
teuer				O				preiswert
eng						O		geräumig
Qualität		O						Ramsch
unfreundlich							O	freundlich
hell			O					dunkel
schnelle Bedienung			O					langsame Bedienung
schlechte Beratung							O	gute Beratung

9. Die Werbung ist irreführend. Sie erweckt den Eindruck, Pfiffig sei ein Hersteller. Tatsächlich ist er jedoch Einzelhändler. Verstoß gegen § 5 UWG.

10. Die Werbung war früher wettbewerbswidrig, da ein Jubiläumsverkauf an das Bestehen eines durch 25 teilbaren Unternehmensalters geknüpft war. Diese Bestimmung gilt seit 2004 nicht mehr. Deshalb kann auch bei einem „krummen" Geschäftsjubiläum ein solcher Verkauf durchgeführt werden – wenn nicht über das Geschäftsalter eine irreführende Aussage getroffen wird!

11. Boykott ist die organisierte Aussperrung eines Marktteilnehmers vom Markt. (Bezugs- oder Liefersperre). Zum Boykott gehören derjenige, der zum Boykott aufruft, der Boykottierer und der Boykottierte. UWG und GWG verbieten Boykotte.

12. Die Umsatzsteuer ist aus folgenden Gründen wettbewerbsneutral:
    - Alle Waren und Dienstleistungen sind mit dem gleichen Steuersatz belegt, so daß keine Wettbewerbsvorteile auftreten können (z.Zt. 7 % bzw. 16 %).
    - Die Umsatzsteuer ist durch das System des Vorsteuerabzugs kein Kostenfaktor, sondern wird wie ein durchlaufender Posten behandelt.
    - Der Export ist von der deutschen Umsatzsteuer völlig entlastet; der Import von Waren wird mit dem gleichen Steuersatz belastet wie vergleichbare inländische Waren.

Antwortensatz IV / Teil 2

Thema 1

a) Werbung hat zumeist mittelfristige Ziele wie die Gewinnung und Erhaltung von Kunden durch das Herausstellen bestimmter Leistungen. Sie nutzt dabei die verschiedenen Medien außerhalb des Geschäftes (z.B. Zeitungen, Zeitschriften, Rundfunksender, Fernsehen, Plakatsäulen).

Verkaufsförderung dagegen soll am Ort des Kaufs durch besondere Anreize den letzten Anstoß zur Kaufhandlung geben. Sie wirkt kurzfristig.

b) Gründe für die zunehmende Bedeutung der Verkaufsförderung können sein:
- Produktionskapazitätsdruck bei den Herstellern
- immer mehr Neuprodukteinführungen
- immer kürzere Produktlebenszyklen (Güterinflation)
- Förderung von Impulskäufen aufgrund der zunehmenden Selbstbedienung
- abnehmende Wirkung der klassischen Werbung
- zunehmend kurzfristiges Erfolgsdenken im Handel

c) Beispiele für dealer promotion:
- Kaufnachlaß
- Naturalrabatte
- Vergütung für bestimmte Plazierungsmaßnahmen
- Werbehilfen, Propagandistinnen
- Veranstaltung von Fachmessen
- Verkaufswettbewerbe für Absatzmittler
- Händlerschulungen usw.

Beispiele für consumer promotion:
- Warenproben
- Gutscheine an der Ware
- Preisausschreibungen mit Gewinnaussicht
- Sammelmarken am Produkt
- Demonstration der Produktverwendung am POS usw.

d) Die wichtigsten Ziele der Verkaufsförderung im Einzelhandel können lauten:
- Auslösung von Impulskäufen
- Prägung des Ladenimages
- Lenkung des Kundenstroms
- Lagerräumung mittels Aktionen
- Ausgleich verkaufsschwacher Zeiten
- Nutzung verkaufsstarker Zeiten

Thema 2

Diese Werbung ist in mehrfacher Hinsicht unzulässig. Zwar darf Meyer das siebenjährige Bestehen mit einer besonderen Verkaufsveranstaltung feiern. Aber:

- Wertvolles Präsent: Dies kann als als übertriebenes Anlocken bzw. psych. Kaufzwang gewertet werden. Der Kunde wird sich vielleicht das wertvolle Geschenk nicht entgehen lassen wollen und sieht sich dann genötigt, auch etwas zu kaufen.
- Verkauf von Rolex - Plagiaten unzulässig (§ 4 UWG)
- Tag der offenen Tür: Nur zulässig ohne Beratung und Verkauf.
- Diskriminierung der Mitbewerber verstößt gegen § 4 UWG
- Der Begriff „Einkaufszentrum" setzt eine überdurchschnittliche Größe voraus – 100 qm sind da ein bißchen wenig! Irreführend gem. § 5 UWG

Volkswirtschaftliche Grundlagen

Musterantworten zu den 50 Fragen

1. **Freie Marktwirtschaft:**
   Merkmale: Bestehen des Marktautomatismus - freier Wettbewerb - Privateigentum - Vertragsfreiheit - Planungsfreiheit für jeden einzelnen - Ordnungsfunktion des Staates.

   Zentralverwaltungswirtschaft:
   Merkmale: Zentrale Planung durch eine staatliche Planbehörde - Staatseigentum an Produktionsmitteln - die einzelnen Betriebe sind lediglich Weisungsempfänger - Preisfestsetzung durch die staatliche Plankommission.

2. Wir haben eine soziale Marktwirtschaft mit den wesentlichen Elementen der Marktwirtschaft. Den Staat trifft eine besondere Verantwortung für die Erhaltung des Marktes (z.B. mit Hilfe des Kartellgesetzes und des UWG) sowie für den Schutz des wirtschaftlich Schwächeren (Arbeitslose, Alte, Kranke usw.).

3. Der damalige Bundeswirtschaftsminister Ludwig Erhard.

4. Alle Mittel, mit denen man Bedürfnisse befriedigen kann, sind Güter. Güter stiften einen Nutzen.

5. Freie Güter sind im Verhältnis zu ihrer Nachfrage in unbegrenzter Menge vorhanden (z.B. Luft). Sie haben deshalb keinen Preis. Knappe Güter haben dagegen einen Preis. Sie sind Gegenstand des Wirtschaftens.

6. Als **Maximalprinzip**: Mit gegebenen Mitteln den höchstmöglichen Erfolg zu erzielen suchen.

   Als **Minimalprinzip**: Ein gegebenes Ziel mit möglichst geringem Mitteleinsatz erstreben.

   Achtung: Maximal- und Minimalprinzip nicht miteinander vermischen!

7. ● Arbeit (jede auf ein wirtschaftliches Ziel gerichtete Tätigkeit)
   ● Boden (die zu wirtschaftlichen Zwecken genutzte Natur)
   ● Kapital als abgeleiteter Produktionsfaktor, der erst durch das Zusammenwirken von Arbeit und Boden entsteht

8. Steigerung der Produktivität - Einkommensverbesserungen - spezielle Begabungen lassen sich zum Nutzen des einzelnen und der Gesellschaft entfalten - Einsatz von Spezialmaschinen wird möglich - Erleichterung der Arbeit.

9. Der Lohn wird grundsätzlich allein von den Tarifpartnern (Arbeitgeberverbände und Gewerkschaften) festgesetzt. Der Staat hat keine Einwirkungsmöglichkeit (außer dort, wo er selbst als Arbeitgeber Tarifpartner ist, im öffentlichen Dienst).

10. Das Verhältnis von Erwerbspersonen zur Wohnbevölkerung in Prozent.

11. Nein, in der Praxis versteht man darunter einen Beschäftigungsgrad von etwa 97-98 %. Bestimmte Formen der Arbeitslosigkeit, sowohl personell als auch sachlich bedingt, sind auch im günstigsten Fall nicht zu vermeiden. Da eine Volkswirtschaft immer in Bewegung ist, ist der Beschäftigungsgrad in den verschiedenen Branchen, Regionen und Betrieben auch sehr unterschiedlich.

12. a) Arbeitslosigkeit in der Person begründet

    b) Arbeitslosigkeit aus sachlichen Gründen:
    - Strukturelle Arbeitslosigkeit (z.B. sinkt der Bedarf an Kohle, so werden weniger Bergleute benötigt)
    - Demographische Arbeitslosigkeit (wenn geburtenstarke Jahrgänge auf den Arbeitsmarkt drängen, steigt bei gleichbleibender Nachfrage nach Arbeitskräften das Angebot an diesen)
    - Saisonale Arbeitslosigkeit (z.B. Bau, Skilehrer, Gastronomie in Fremdenverkehrsorten)

- Friktionelle Arbeitslosigkeit (bei Konkursen von Unternehmen werden Arbeitskräfte entlassen)
- Fluktuationsbedingte Arbeitslosigkeit (Arbeitsplatzwechsel)
- Technologische Arbeitslosigkeit (durch Einführung neuer Technologien werden Arbeitskräfte freigesetzt - hier bieten sich zugleich in der Regel aber auch Chancen in den neu entstehenden technologischen Branchen)
- Konjunkturelle Arbeitslosigkeit

13. Subventionen dienen in solchen Fällen lediglich dazu, Arbeitsplätze künstlich zu erhalten, die aber vom Markt nicht mehr verlangt werden. Probleme werden damit also nicht gelöst. Im Gegenteil, die so beschützten Betriebe geraten immer stärker in eine Abhängigkeit vom Staat. Unternehmerisches Handeln und unternehmerische Weiterentwicklung werden nicht mehr gefordert. Subvention ist in diesem Falle also ungeeignet zur dauerhaften Erhaltung von Arbeitsplätzen, sie ist nur vorübergehend vertretbar.

14. Durch Anbau (z.B. Landwirtschaft), Abbau (Bodenschätze) und Aufbau (als Standort).

15. Durch Konsumverzicht = Sparen.

16. Von der Sparfähigkeit (Einkommenshöhe, Familienverhältnisse usw.) und Sparwilligkeit (gegenwärtige bzw. erwartete wirtschaftliche Lage, Stabilität des Geldes, Zinshöhe, Sparprämien usw.).

17. Ersatzinvestitionen sind Ersatz für die abgenutzten Anlagegüter. Sie bedeuten lediglich eine Kapitalerneuerung. Neuinvestitionen sind jene Investitionen, die über die Ersatzinvestition hinausgehen. Erst durch sie findet eine Kapitalmehrung statt.

18. Output : Input = Verhältnis der Ausbringungsmenge zur eingesetzten Menge des Produktionsfaktors Kapital. In gleicher Weise läßt sich auch die Produktivität der Faktoren Arbeit und Boden berechnen.

19. Plant ein Unternehmen z.B. eine Neuinvestition in Höhe von 10 Mio. EUR, um eine neue Halle zu bauen, so vergibt es seinen Auftrag an den Bauunternehmer B. Dies bewirkt bei B. also Einkommen in Höhe von 10 Mio. EUR. Hiervon zahlt er einen gewissen Betrag an seine Zulieferer und Arbeitnehmer, die wiederum davon Güter von anderen Lieferanten kaufen. So wird aus den 10 Mio. EUR ein Vielfaches an Einkommen. Die Investition weist einen Multiplikatoreffekt auf, der umso größer ist, je mehr von dem erhaltenen Einkommen wieder an andere ausgegeben wird, der also umso kleiner ist, je mehr gespart wird.

20. Private Haushalte stellen ihre Arbeitskräfte dem Unternehmen gegen Geld zur Verfügung, sie kaufen andererseits Güter von den Unternehmen.

    Unternehmen erstellen Güter, die sie an die Haushalte verkaufen.

    Der Staat stellt der Bevölkerung bestimmte Leistungen zur Verfügung, tritt als Nachfrager auf, unterstützt bestimmte Wirtschaftsobjekte finanziell, ist bedeutender Arbeitgeber und setzt als Gesetzgeber Rahmenbedingungen für den Wettbewerb.

21. Unter dem Bruttoinlandsprodukt versteht man den Wert aller Sachgüter und Dienstleistungen, die innerhalb einer Volkswirtschaft während eines Zeitraumes (im allgemeinen ein Jahr) erstellt, verteilt und verwendet werden. Addiert werden dabei die Wertschöpfungen der Unternehmen, also jeweils die Produktionswerte (= Umsätze) abzüglich der Vorleistungen. Das BIP betrug 2002 in Deutschland rund 2 Bill. EUR.

22. Zunächst müssen von der Erhöhung des Bruttoinlandsprodukts die Preissteigerungen abgezogen werden. Daraufhin ist das Bruttoinlandsprodukt pro Kopf zu errechnen. Erhöht sich nämlich die Bevölkerungszahl stärker als das Bruttoinlandsprodukt, so bleibt pro Kopf weniger übrig.

    Schließlich aber kann sich die Steigerung auch auf gewisse „unerwünschte" Bereiche erstrecken wie die Rüstungsindustrie. Dann bedeutet dies ebensowenig ein Mehr an Lebensqualität wie in den Fällen, in denen die Steigerung des Inlandsprodukts mit Umweltverschmutzung teuer (aber eben meist nicht ökonomisch meßbar) „erkauft" wird.

23. Bruttoinlandsprodukt zu Marktpreisen
    - <u>Abschreibungen</u>
    = Nettoinlandsprodukt zu Marktpreisen
    - indirekte Steuern
    + <u>Subventionen</u>

    = Nettoinlandsprodukt zu Faktorkosten = Volkseinkommen.

24. • **Primärsektor** (Landwirtschaft, Forstwirtschaft): 1,1 % mit sinkender Bedeutung.

    • **Sekundärsektor** (Produzierendes Gewerbe): 33,1 % mit sinkender Bedeutung.

    • **Tertiärsektor** (Handel, Verkehr, Dienstleistungsunternehmen, Staat, Priv. Haushalte): 65,7 % mit steigender Bedeutung.

25. • Arbeitseinkommen
    • Bodenrente
    • Kapitalrente (Zins)

26. Der Markt ist der ökonomische Ort, an dem Anbieter und Nachfrager zusammenkommen.

27. Auf der Basis des Polypols müssen folgende Voraussetzungen gegeben sein:

    a) Vollständige Markttransparenz
    b) Homogenität der Güter
    c) Es bestehen keine persönlichen, sachlichen, räumlichen oder zeitlichen Präferenzen. (Persönliche Präferenzen liegen z.B. dann vor, wenn dem Kunden die Verkäuferin A sympathischer ist als die Verkäuferin B.)
    d) Freier Marktzutritt.

    Bei einem vollkommenen Markt gibt es nur einen Preis für ein Gut. Ist der Markt unvollkommen, so können sich verschiedene Preise für das gleiche Gut bilden. Vollkommene Märkte gibt es äußerst selten.

28. **Monopol:** Als Angebotsmonopol ein Anbieter, der in der Preisbildung relativ unabhängig ist. Die Nachfrage kann hier lediglich durch Konsum-

verzicht, gegebenenfalls auch durch die Abwanderung zu einem Substitutionsprodukt reagieren.

Oligopol: Wenige große Anbieter (z.B. Mineralölmarkt). Hier muß der Anbieter in seine Entscheidung auch das Verhalten der Mitbewerber einkalkulieren.

Polypol: Viele kleine Anbieter - viele kleine Nachfrager.

29. Definition: Je höher der Preis, umso größer ist die angebotene Menge. Denn je höher der Preis ist, umso mehr Anbieter sind in der Lage, die betreffende Ware auf den Markt zu bringen.

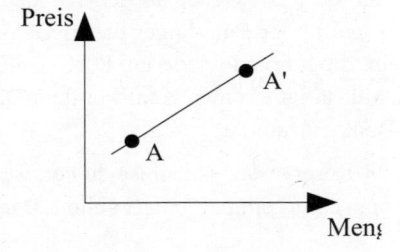

30. Je niedriger der Preis einer Ware, umso größer die nachgefragte Menge: Umso mehr Nachfrager sind in der Lage, sich ein bestimmtes Gut zu leisten.

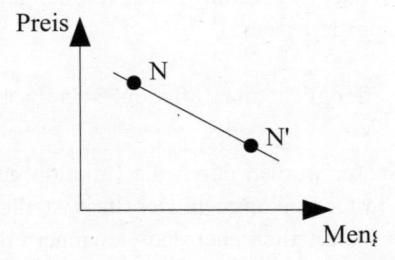

31. Bei dem Gleichgewichtspreis wird der größtmögliche Umsatz erzielt, der Markt wird geräumt. Nicht zahlungsfähige Nachfrager und zu teure Anbieter kommen nicht zum Zuge. Angebotene und nachgefragte Menge sind im Gleichgewicht.

32. Er verändert sich, wenn sich Angebots- und / oder Nachfragekurve in ihrem Verlauf ändern, z.B. dadurch, daß sich die Nachfragepräferenzen für ein Gut ändern.

33. Allgemeines Tauschmittel - Wertmesser - Wertaufbewahrungsmittel - gesetzliches Zahlungsmittel.

34. Kunde A zahlt bei seiner Bank 1.000,-- EUR ein. Hiervon behält die Bank z.B. 100,-- EUR als Barreserve, weitere 100,-- EUR legt sie als Mindestreserve bei der Bundesbank still.

    800,-- EUR verleiht sie jetzt wieder an den Kunden B, der sich dafür irgendwelche Güter kauft. Der Empfänger dieses Geldes zahlt das Geld nun bei der Y-Bank ein, die hiervon wiederum 80% = 640,-- EUR an den Kunden C ausleiht. Dafür tätigt C einen Kauf bei dem D, der dieses Geld wiederum bei der Z-Bank einzahlt.

    Je niedriger der M-Reservesatz ist, umso höher ist insgesamt die Buchgeldmenge, die aus einer einmal eingezahlten Bargeldmenge geschöpft werden kann.

35. Eine Inflation ist die Minderung der Kaufkraft des Geldes.

36. Die Inflation kann nachfragebedingt, kosten- oder gewinninduziert oder aus dem Ausland „importiert" sein.

37. Dem Schuldner ermöglicht die Inflation, seine Schulden mit „billigem" Geld zurückzuzahlen.

    Gläubiger und Sparer werden durch die Inflation geschädigt. Das gleiche gilt für Bezieher fester Einkommen. Der Staat ist allein dadurch, daß er der größte Schuldner ist, letztlich eher den Gewinnern der Inflation zuzurechnen.

38. **Konjunkturaufschwung:** Steigen des Auftragseingangs - Verbesserung des Beschäftigungsgrades - Preisniveau bleibt infolge der Fixkostendegression zunächst stabil - Steigerung der Einkommen (Multiplikatoreffekt).

Boom: Die Produktionsausweitung stößt bei ausgelasteten Wirtschaftsbereichen auf Grenzen, Überbeschäftigung und damit verbundene Preissteigerungstendenzen in vielen Bereichen.

Rezession: Rückläufige Nachfrage bei steigenden Kapazitäten führt zu einem Rückgang der Investitionen, geringere Auslastung, zurückgehendem Beschäftigungsgrad und damit wiederum sinkender Nachfrage. Sinken des Sozialproduktes.

Depression: Geringe wirtschaftliche Tätigkeit, Massenarbeitslosigkeit, kaum Nettoinvestitionen, Vernichtung des volkswirtschaftlichen Kapitals („Investitionsruinen" können mangels Nachfrage nicht genutzt werden).

39. **Wirtschaftliches Wachstum - Vollbeschäftigung - Außenwirtschaftliches Gleichgewicht - Stabilität des Preisniveaus.**
    Diese vier Ziele bezeichnet man auch als das magische Viereck. Es ist sehr schwierig, alle vier Ziele gleichzeitig zu verwirklichen.
    Beispiel: Der Staat tritt als zusätzlicher Nachfrager auf, um den Beschäftigungsgrad zu erhöhen. Dann kann dies zu Preissteigerungen führen.

40. Die antizyklische Fiskalpolitik soll konjunkturelle Schwankungen mit Hilfe der staatlichen Einnahmen- und Ausgabenpolitik möglichst glätten.

41. Verringerung der Staatsausgaben, Steuererhöhung, Begrenzung der Kreditaufnahme, Aussetzung von Abschreibungsvergünstigungen (die Mehreinnahmen sind dann freilich beim Staat stillzulegen!).

42. Bei der nachfrageorientierten Wirtschaftspolitik tritt der Staat als Nachfrager auf und deckt damit z.B. Lücken der privaten Nachfrage in der Depression. Bei der angebotsorientierten Wirtschaftspolitik will er insbesondere mehr Mut, Eigeninitiative und schöpferische Kraft der Bürger fördern. Er strebt damit u.a. an, zukunftsorientierte Entwicklungen der Wirtschaft und die Eigeninitiative zu fördern (z.B. durch den Abbau von Investitionshemmnissen).

    Oder: Die Bundesbank erhöht den Diskontsatz, um über die Geldverknappung den Preisauftrieb zu bremsen. Dies kann wiederum Wachstum und Beschäftigungsgrad beeinträchtigen.

43. Die Europäische Zentralbank ist unabhängig von den Weisungen der Regierungen.

44. - **Mindestreservepolitik**: (Heraufsetzung oder Herabsetzung der Mindestreserve, die die Geschäftsbanken von ihren Einlagen bei der Zentralbank hinterlegen müssen)
    - **Offenmarktpolitik** (An- und Verkauf von Wertpapieren am offenen Markt durch die EZB) Beim Ankauf von Wertpapieren schleußt sie Geld in den Wirtschaftskreislauf, beim Verkauf entzieht sie dem Wirtschaftskreislauf Geld)
    - **Ständige Fazilitäten** (Die Möglichkeit der Geschäftsbanken, sich bei der EZB zu refinanzieren oder bei ihr Geld anzulegen.) Hier werden die Zinssätze von der EZB festgelegt.

45. **Leistungsbilanz** (Handelsbilanz - Dienstleistungsbilanz - Bilanz der unentgeltlichen Übertragungen − Erwerbs- und Vermögenseinkommensbilanz)

    Vermögensübertragungsbilanz

    Kapitalbilanz (Bilanz des kurzfristigen Kapitalverkehrs - Bilanz des langfristigen Kapitalverkehrs)

    Devisenbilanz

46. Durch Zölle, gegebenenfalls andere Handelshemmnisse wie bestimmte Normen und Herstellungsvorschriften, schließlich auch durch den Wechselkurs (wenn dieser fest ist!).

47. **Freie Wechselkurse** - der Kurs bildet sich auf dem Devisenmarkt als Folge von Angebot und Nachfrage.

    Feste Wechselkurse werden von den Regierungen festgelegt.

48. Das Risiko für Exporteure und Importeure ist gering! Man kann mit festen, zuverlässigen Preisen rechnen.

49. Unsere Waren werden dann für die Bewohner außerhalb des Eurolandes teurer, sie müssen ja mehr Fremdwährung bezahlen, um EUR zu bekommen. Demgemäß werden unsere Exporte ins Ausland tendenziell sinken.

50. Seit dem 1.1.99 ist der EURO die gemeinsame Währung. Bis zum 31.12.2001 war die DM noch gesetzliches Zahlungsmittel. Die Europäische Zentralbank hat die Funktion der nationalen Notenbanken übernommen.

Es bestehen keine Kursrisiken mehr zwischen den beteiligten Ländern, Förderung der binnenwirtschaftlichen Beziehungen. Kosten für Umtausch von Geld im Reiseverkehr entfallen. Die engere Verflechtung der Länder könnte auch dazu führen, daß negative Erscheinungen (z.B.. Inflation) auf die anderen Partnerländer übergreifen. Denn in der Vergangenheit gab es das Regulativ der Wechselkurse: Wenn im Land A eine hohe Inflationsrate bestand, dann wurde es für die Bewohner des Landes A interessanter, im Land B einzukaufen. Demzufolge stieg die Nachfrage nach der Währung des Landes B, und damit auch der Wechselkurs dieser (B-) Währung. Auf diese Weise wurde (zumindest in der Theorie) die Gefahr einer „importierten Inflation" vermieden.

Diesen Automatismus gibt jetzt natürlich nicht mehr, da „Euroland" ja nur noch ein einziges Währungsgebiet ist. Deshalb muß die Wirtschaftspolitik zwischen den Partnern besser als bisher aufeinander abgestimmt werden.

> ⇨ Haben Sie sich schon über den Prüfungsablauf informiert? Informationen dazu finden Sie auf S. 12

Index

Die Seitenangaben hinter den Stichworten führen Sie zunächst zu den Fragen, die das gesuchte Thema behandeln. Erläuterungen sowie Berechnungen finden Sie in den zugehörigen Musterlösungen. Beachten Sie bitte: Nicht immer erscheint das Stichwort wörtlich im Text der Frage!

A

ABC-Analyse, 49, 56
Ablauforganisation, 39
Abmahnung, 20, 78
Absatzplanung, 26
Absatzpol. Instrumente 89

Abschreibung, bilanzielle, 59
Abschreibung, kalkulatorische, 59
AGB, 33, 40
Agglomeration, 42
AIDA-Regel, 76
Akkordlohn, 20
Aktionsziele im Einzelhandel, 87
Alleinstellungswerbung 76

Anderskosten, 68
Änderungskündigung, 20
Anfechtung 43, 57

Angebotskurve, 90
Angebotsprüfung, 56
Anzeige, 81
Arbeitsergebnis, 20
Arbeitsgericht, 21
Arbeitslosenversicherung, 24
Arbeitslosigkeit, 88
Arbeitsteilung, 88
Arbeitsunfähigkeit, 30
Arbeitsverhältnis, Beendigung, 22
Arbeitsvertrag, Pflichten 25
Arbeitszeit, 26, gleitend 22
Arbeitszeitmodelle, 22

Arithmetisches Mittel 63, 67

Aufbauorganisation, 39
Aufwand, 64, 72
Aufwendungen, neutrale, 73
Ausfallbürgschaft, 53
Ausgleichsquittung, 30
Ausschlußfrist, 21
Außenfinanzierung, 42
Auszahlung, 72

B

b 2 b, 33
Bedarf, 43
Bedarfsmenge, 45
Befragung, mündliche, 69
befristetes Arbeitsverhältnis, 27
Beobachtung, 82
Beschaffung, indirekte, 45
Beschaffung, kooperative, 53
Beschaffungsmarktforschung, primäre, 49
Beschaffungsmenge, 45
Beschäftigungsförderungsgesetz, 27
Bestandsführung, Aufgaben der, 56
Bestellmenge, 45, 51, 53
Betriebliche Übung, 27

betriebliches Vorschlagswesen, 20,
Betriebsabrechnungsbogen, 62, 64
Betriebsrat, 30
Betriebsvereinbarungen, 20
Bewertungswahlrecht, 57

Beziehungszahl, 75
BGB-Gesellschaft 57

Bilanz, 38
Boden, 88
Boykott 86

Break-even-Point 59, 70, 72
Brutto-Besetzung II, 29
Bruttoinlandsprodukt, 89
Buchgeldschöpfung, 90
Bürgschaft 53

C

Cash flow, 36, 68
Computer, 43
consumer promotion, 87

D

dealer promotion, 87
Deckungsbeitrag, 59, 64, 65, 68
Delegation, 26
Dezentralisation, 35
Direktwerbung, 82
Direktspeicher 39

Discountgeschäft, 39
Diversifikation, 78
Druckerarten, 36
Durchschnitt, gleitender, 63
Durchschnittsbewertung, 56

E

Eigenkapitalrentabilität, 38
Einführung Mitarbeiter 23

Einkaufslimits, 58
Einkaufszentrum, 36
Einliniensystem, 36

Einstellung, 20, 23
Einzelbewertung, 56
Einzelhandel, 29, 35, 38
Einzelkosten, 64
Einzelwagnis, 68
Electronic Commerce, 33
Element, 64
Engpaßplan, 60
Entgeltsystem, 23
Erfolgsrechnung 37

Erlebniskauf, 85
Ersatzlieferung, 51
Erwerbsquote, 88
Europäische Zentralbank, 90
Europäische Währungsunion 91

Exporte, 91

F

Fachgeschäft, 81
Fachmarkt 42

Factoring, 39
Fehlmengenkosten, 56
Fehlzeit, 29
Fifo 55

Finanzwirtsch. Kriterien 36

Finanzierungsregel, Goldene, 39
Fiskalpolitik, antizyklische, 90
Fixkostendegression, 59
Franchising, 39
Führungsinstrumente, 28
Führungsstile, 20, 26, 32

G

Gehalt, 27
Gehaltsfortzahlung, 27

Geld, Funktionen, 90
Gerichtsstand, 52
Geschäftsbedingungen,Allg. 33
Gesetz der großen Zahl 64

Gewinn- und Verlustrechnung, 37
Gewohnheitskauf, 76
Gleichgewichtspreis, 90
GmbH&Co KG, 43
Graph. Darstellung 60

Großhändler, 35,44
Grundkosten, 73
Gruppenprämie 26

Gut, 88
Güter, freie und knappe, 88
Güteverhandlung, 21

H

Handel, 36, 42
Handel im funktionellen Sinne, 36
Handelsbetriebslehre, 33
Handelsfunktionen, 41
Handelsmarketing, 85
Handelsspanne, 58, 66
Handelsvertreter, 42
Handelswerbung, 88
Handlungskostenzuschlag, 59, 66, 68
Handlungskostenzuschlagssatz, 61
Hauptkostenstelle, 61

I

Imageanalyse, 84, 87
Importe, 91
Impulskauf, 76
Index, 71, 75
Inflation, 90
Information, 20, 26, 76

Informationsquellen, außerbetriebliche, 82
informelle Gruppen, 23
Instrumente,absatzpol., 81
Inventur, permanente, 53
Investitionen, Ersatz- und Neu-, 89
Investitionsmultiplikator, 89
Irrtum 50,57

Irreführende Werbung 80

K

Kapital, 89
Kapital, Produktivität des, 89
Kapitalbedarf, 49, 72
Kapitaleinsatz, 53, 56
Kapitalgliederung, 38
Kauf auf Abruf, 49
Käufermarkt, 36
Kaufkraft, 39
Kaufvertrag, 33, 36, 40, 46, 50, 51, 57, 58
Klassenbildungen, 59
Kommissionslagervertrag, 45
Kommunikation, 26
Kompetenz, 20
Konjunktur, Phasen der, 90
Konkurrenz 42

Kontrolle, 29, 37, 45
Kontrollspanne, 39
Konventionalstrafen, 50
Konzentrationsprinzip, 59
Konzentrationsprozeß, 38
Kooperation 35

Kosten, 64
Kosten, kalkulatorische, 72
Kosten, sprungfixe, 59
Kostenartenrechnung, 59, 72

Kostenfaktoren, 51
Kostenrechnung, Stufen und Aufgabe, 64
Kostenstellen, 72
Kostenstelleneinzelkosten, 69
Kostenstellengemeinkosten, 65
Kostenträgergemeinkosten, 69
Krankenversicherung, 21
Kredite, 34
Kundendienst, 83
Kundenkartei, 77
Kündigung und Betriebsrat, 30
Kündigung, 20, 21
Kündigung, fristlose, 31
Kündigung älterer Arbeitnehmer 23
Kündigungsschutzgesetz, 23, 28

L

Ladenöffnungszeit, 26, 29
Lagerbestand, 45, 53
Lagerdauer, 45, 49, 53, 56
Lagerdimension, 45
Lagerhaltung, 49
Lagerordnung, 53
Lagerumschlag, 45, 49, 58
Lagerwert, 49
Lean Management, 35
Leasing, 36
Leistungsentlohnung, 20, 26
Leverage-Effekt 42

Lieferantenkredit, 53
Liefertermin, 50
Lieferzeit, 53
Lifo 55

Limitkontrollen, 47
Limitrechnung 47, 53, 58
Limitreserven, 49, 58
Liquidität, 38, 42

Lockvogelwerbung, 80
Lohnfortzahlung, 23, 27

M

Mängelrüge 51
Markentreue, 85
Markt, 36, 89
Marktanteils-Marktwachstums-Portfolio 85

Markt, vollkommener, 89
Marktanalyse, 56
Marktanteil 79
Marktbeobachtung 56
Marktformen 89
Marktpotential 79
Marktprognose 56
Marktsegmente 79
Markttest 76
Marktvolumen 79
Marktwirtschaft, soziale 88
Masse, statistische 64
Median 69
Mehrliniensystem 36
Mehrwertsteuer 86
Meldebestand 45
Merkmal 64
Meßzahl 75

Mietvertrag 46

Mindestumsatz 70
Mitarbeiterbesprechung, 28
Mittel, arithmetisches 63, 67
Mittelwerte, 73
Mobilität, 23
Modus, 67
Motivirrtum 56 (Frage 9)

Multimomentstudie, 29
Multiprogramming, 33

Mutterschutzgesetz, 26

N

Nachbesserung 51
Nachfragekurve 90
Niederstwertprinzip 56

O

Ökonomisches Prinzip 88
Omnibusbefragung 82
Option 34
Organisation 36, 42

P

Pachtvertrag 54
Parkgebühren 86
Panel 79
Personalbedarfsplanung, 23
Personalbeschaffung, 20
Personaleinsatzplanung, 23
Personalmarketing, 29
Personalnebenkosten, 29
Personalplanung, 26
Personalpolitik, 20, 26
Pflichten aus dem Arbeitsvertrag 25
Polaritätenprofil 86
Preisanpassung 76
Preisfestsetzung, psychologische, 82
Preisindex 68, 75
Preispolitik 82
Preisuntergrenze 59, 61, 70, 74
Probearbeitsverhältnis 30
Probezeit 30
Produktionsfaktoren 33, 39, 88, 89
Produktionsverbindungshandel 33
Produktivität des Kapitals 89

Produkttreue 85
Prokura 41, 47
Psychol. Kaufzwang 82

Public Relations 76
Pull-Marketing 85

Push-Marketing 85

Q

Quotenverfahren 60

R

Rabattgesetz 79
Räumungsverkauf 80
Reichweite von Werbeträgern 85
Rentabilität 38
RechnungsbestandteileUSt 50, 83
Rückwärtskalkulation 64

S

Sales Promotion 79
Schaden 52
Schlüssel 64
Schutzfristen 26
Segmentierung 790
Sektoren der Wirtschaft 89
Sekundärforschung 69, 82
Selbstkostenpreis 66
Sicherheitsbestand 45
Sitten, gute 84
Sonderangebot 74
Sonderkredite 33
Sonderveranstaltung 78, 86, 87
Sortiment 84, 86
Sortimentsplazierung 76
Sortimentspolitik 79
Sozialabgaben 32
Spannweite 67
Sparen 89
Sponsoring 85
Sport, gefährlicher 23
Stammkundenkartei 79

Standort 26
Standortanalyse 42
Standortfaktoren 33, 39
Statistik, Fehlerquellen 65
Statist. Masse 64
Stellenanzeige 25
Stellenbeschreibung 44
Stichprobe 79
Streitverhandlung 21
Streuungsmaße 72
StrukturwandelGroßhandel44
Stundenumsatz 23
Substitutionsprinzip Organisation 42
Subventionen 88

T

Tarifautonomie 88
Teilkostenrechnung 68, 72
Testmarkt 76
Trading down 33
Treuepflicht 30

U

Überbrückungsfunktionen des Handels 36
Umfeldbedingungen 42
Umsatzrendite 65
Umsatzsteuer 54, 83, 86
Umsatzsteuerrecht, 46, 50
Umweltfaktoren, 69
Unlauterkeit, 84

Unternehmensimage 75, 85

Unternehmerrisiko, allgemeines 68
Urlaubsanspruch 29
UWG 77, 84

V

Variationskoeffizient, 63, 67
Verbrauchsfolgebewertung,45,55, 56
Verfügbares Einkommen, 39
Vergleich, innerbetrieblicher, 73
Vergleichszahlen, 75
Verhältniszahl, 65, 70, 73, 75
Verjährung 46
Verkaufsförderung, 87
Verkaufspersonal, Verhalten, 85
Versorgungskauf 85
Vertikales Marketing 85

Vertragsannahme 57
Vertragsfreiheit 34
Vertretungsmacht 47, 54
Verwerternachlaß 79
Verzug 46
Volkseinkommen 89
Volkswohlstand 89
Vollbeschäftigung 88
Vollkostenrechnung 59, 64, 70, 72
Vorsteuer 83

W

Wagnis, 68, 72
Wareneinsatz 49
Warenlagerbewertung55
Warenwirtschaftssysteme 49
Wechselkurse 91
Weihnachtsgratifikation 27, 32
Weiterbildung 29
Werbeerfolg 82
Werbekonstante 76
Werbemaßnahme Zulässigkeit 83
Werbung, Zulässigkeit 76, 77, 78, 79, 80, 81, 82, 83, 86, 87
Werbung, vergleichende 83
Wertminderung, qualitative 56

Willenserklärung, 43
Wirtschaftsgüter, geringwertige, 57
Wirtschaftskreislauf 89
Wirtschaftsmodell 88
Wirtschaftsordnung 88
Wirtschaftpolitik, nachfrageorientierte/ angebotsorientierte 90
Wirtschaftspolitik Ziele 90
Wochenarbeitszeit 29

Z

Zahl, Gesetz der großen 64
Zahlungsbilanz 91
Zeitlohn 20
Zeitreihen 59
Zentralisation 35
Zentralwert 67
Zielgruppe 84
Zugabe 83, 87
Zusatzkosten 68
Zustellung unbestellter Ware 82
Zweiter Lohn 29
Zugriff (EDV) 39